社會學囧很大2.0

看大師韋伯為何誤導人類思維

謝宏仁 | 著

|全新第二版|

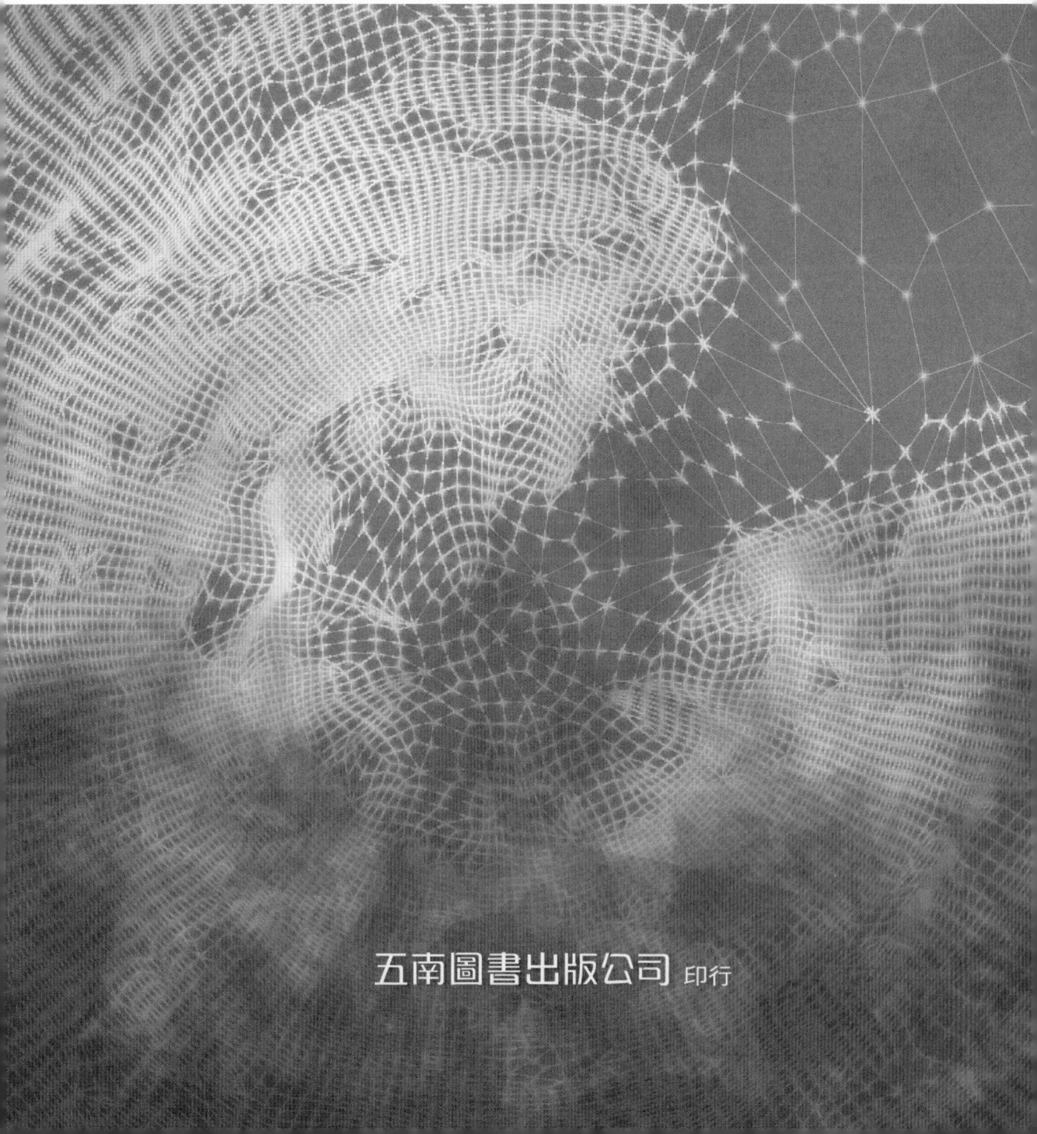

五南圖書出版公司 印行

序言2.0

寫在韋伯逝世百年紀念之前

對華人而言，數字九九是吉利的，也因此有九九重陽節。巧合的是，對全球的社會（科）學可能也是如此。韋伯辭世後的九十九年裡，社會（科）學界剛好多添一位想效法韋伯的人物。若要細數韋伯在社會學奠基工作上所做的努力，恐非一朝一夕可及，所以，世界上有不少學者願意傾畢生精力來研究韋伯的學說，而且，這樣的人，不僅在西方，在東方同樣不難找到。

如沐春風，在閱讀大師傑作的時候，想像著若能從學於韋伯，那麼，人生將了無憾事。當一個世紀過去，或許批評韋伯的聲浪會逐漸擴大，然而，若與讚美、推崇大師的美詞佳言、驚嘆句相較的話，讓人覺得學者的批判力似乎適用於韋伯以外的人身上。近百年來，韋伯集哲學家、法學家、政治經濟學家，以及社會學家於一身，同時身爲社會學古典三大家之一，其名氣之響亮，概無出其右者。這麼說，韋伯的確是社會學界影響力最大的學者，只是，筆者謝某選擇以負面的角度出發。

但筆者深知，韋伯同時也是東、西方歷史比較研究之巨擘，特別是東方（中國）的知識分子——尤其是想要瞭解十九世紀西盛東衰之主因的學者們，韋伯這位歷史研究大師的確是不可多得的啓蒙者，他提供能令人折服的理由。概括而論，韋伯給我們的答案是「（西方的）資本主義」，當然，這是東方所欠缺的，如此一來，造成東、西方社會的區別，而這得從十六世紀歐洲的宗教改革談起。韋伯告訴我們正是這樣，加上他聲譽卓著，所持的論點事實上並未經過歷史檢驗，然而，大多數人寧可選擇相信，因爲這可能是最保險的方式，學者或許想到，蕭規曹隨，在往後學術發展上能夠比較順利些。可是，問題關鍵在於，韋伯對東方社會所知甚少，東方（中國）的學者卻反過頭來虛心向韋伯學習如何看待自己所處的世界。換句話說，東方學者竟然還得透過韋伯（或西方人）的眼睛才能看得清東方世界。而這正是其學說弔詭之處。

爲了解釋「資本主義」乃是西方所獨有者，必須讓不同於東方的西方看起來更有「獨特的」性質。此時，韋伯碰巧發現一個有趣的概念性工具並且將之優化，那就是理念型。聽說，這種工具可以「化繁爲簡」並且還能「執簡馭繁」，讓學習社會（科）學者不至於在複雜紛呈的問題上難以著手。於是，我們有了「新教倫理」與「資本主義精神」這兩個關係匪淺的理念型，有人還說後者是前者的化身，但重點在於，歷史上一個連韋伯也無法確定的時間點上，獨特的「資本主義」在西方誕生了，並且與所謂「理性化」、「除魅化」的過程一致，這些都「只能」在西方世界發生，後來，西方開始向外擴張，也毫不吝嗇地將原來只有西方社會所擁有的，分一些給東方。理念型之「執簡馭繁」能力確實超卓，可以將近代歷史簡化成如此俐落，這讓人難以理解，不過，更費解的是，還許多人篤信不移。感覺上，人們好像不再需要嚴謹的社會（科）學，而需要大師帶領我們走到某個地方，但卻無人在意去那兒到底要做什麼才好。當然，韋伯所以能成為大師，絕不可能只因為善用理念型這個工具而已，其他諸如價值中立、客觀性，歷史研究與理念型對話之重要性等等，也都緊緊地抓住學者的目光。

先前，在拙著《社會學囧很大[1.0]》已經證明身為歷史比較分析的前輩韋伯，其實對東方所知甚少，這或許不難想像，受限於當時圖書典藏與文字翻譯工作，他也應該被原諒，特別是面對為數眾多的韋伯粉絲（fans）們。在這本續集當中，我們將會看到，韋伯對西方世界好像也不是知道太多，這倒頗令人驚訝，尤其是其死忠粉絲（鐵粉）們應該需要更多時間來調適身心。本書作者認為，韋伯為了成就其迷人的理念型，甘願受其魅惑，進而棄許多重要歷史「事實（事件）」於不顧，當然，也唯有如此，理念型才能更臻完美。

在這個紀念韋伯逝世即將屆百週年的日子之前，也就是在第九九年之時，能夠讓本書的撰寫工作告一段落，筆者為自己感到欣慰。更不能忘記的是，應該感謝五南圖書的同仁，再次因不忍拒絕謝某而接受稿件，付梓成書。其次，特別向廖育信博士致上最高的謝意，這些年來，總在百忙之中撥空潤飾筆者謝某稍嫌凌亂乏味的文筆，想必能爲讀者增添不少樂趣。另外，應該也要感謝台灣高鐵公司，幾個月以前，某次乘車北上，不知怎麼，當天車內特別安靜，適合思考，這經驗相當難得，本書最初的想法即在當下完成。最後，內子淑芳與兒子耘非平安健康地陪伴筆者度過每一天，因此而能專心在寫作上，感謝之意，溢於言表。

古諺有云，

哲人日已遠，典型在夙昔……

謝宏仁

輔仁大學羅耀拉大樓三〇二室

二〇一九年六月二十三日

目次

導論　歐洲中心主義與社會（科）學

如果我們以爲韋伯遺留了所謂的「英國問題」而不自知的話，那麼，這一次，我們錯了，事實上，韋伯相當清楚此一問題，並認爲他已經解決。如果我們以爲連韋伯都不甚瞭解其追求一生的「價值中立」在歷史研究裡是不可能達致的，那麼，我們錯了，事實上，韋伯十分清楚其不可能性。如果我們以爲韋伯採用歐洲觀點來看待東方（中國），且這不必然是歐洲中心主義（Eurocentrism）的話，那麼，這一次，我們眞的錯了。事實上，韋伯經想像所建構的「中國」是在歐洲中心主義的觀點下形成的建構之物。

一直以來，社會（科）學經常選擇以歐洲的觀點來看待這個世界，因爲若要進行「觀察」，則總得找到一個「視角（觀點，perspective）」，研究者才可能闡述其所欲研究之事。更何況，我們似乎不得不承認當今社會（科）學界源自歐洲，是故，我們認爲理所當然的事，很可能是透過西方學者的眼睛所見，事先加入了學者的價值判斷所形成的論述。當然，歐洲的觀點並不必然代表歐洲中心主義（Eurocentrism），只不過，在社會（科）

學中經常可以看到歐洲中心主義的蹤影，而且，它並不算太模糊。

歐陸有幾位學者值得一談，首先，法國學者孔德（Auguste Comte, 1798-1857）被尊爲社會學之父，他是一位實證主義——爲自然科學服務的哲學——的支持者，但實證主義對於歷史研究似無正面作用。接下來，德國的馬克思（Karl Marx, 1818-1883）、法國的涂爾幹（Emile Durkheim, 1858-1917）、與德國的韋伯（Max Weber, 1861-1920）則爲稱爲古典社會學三大家[1]。其中，韋伯的知名度高，其受喜愛之程度無人能及，影響力可謂無遠弗屆，是故，即使僅討論韋伯的論點，筆者覺得亦無不可。話說，韋伯畢生所欲回答的終極問題是：西方爲何興起？這問題，事實上是在十九世紀歷史主義之下（或許還得再加上一八五〇年代達爾文的演化論），在當時學術界瀰漫著（過度）樂觀氛圍下的產物，不少學者嘗試回答這個問題，韋伯就是其一。西方爲何興起？這問題不僅可視爲歐洲中心主義下所產生的「問題」，而且，在研究上，著實也省去不少尋找文獻的時間（特別是遠渡重洋後到了個語言不通的地方），這問題讓（西方的）研究者只需找到符合西方「進步」的理由（或稱歷史「事實」）。若以理念型而言，則是西方的「理性主義」讓西方邁步向前；相反，在歐洲中心主義思維之下，東方（中國）則無需費時間研究，而只消找到符合「停滯」或甚至是「倒退」的理由。故此，就理念型而言，則是「傳統主義」在作祟，而且還揮之不去，也到處存在。

所以，西方在「理性主義」、「理性化」的過程中產生「資本主義」，而這正是韋伯給我們的解答。我們知道理念型是其最得意的概念性工具，「新教倫理」、「資本主義精神」這兩個理念型，則是資本主義得以誕生於西方的利器。不過，其代價相當大，東方（中國）變成西方的對應物，成爲歐洲中心主義下所建構出來「虛擬」的、並非眞實的中國。簡單說，原本我們期待能從社會（科）學的學習過程中更能看清楚自己的過去、書寫自己的歷史，但事情的發展總是出乎意料，由於歷史比較研究大師韋伯過度喜歡理念型的完美性，在論點當中，許多「事實」被棄之不顧，等待被後人重新挖掘出來，其實這些被遺棄的歷史「事實」正是歐洲中心主義下的犧牲品。不過，幸好，韋伯的頭銜不只有這個而已，還有經濟學家、法律學家、政治經濟學家等等，並且他在宗教社會學、經濟社會學，與法律社會學都有其獨到的見解。只是，在歷史比較研究這個領域，或許韋伯應該還可以做得更多才是，但可惜沒有，其粉絲對此更是興趣缺缺了。

本書章節安排如下，第一章討論爲何韋伯明知「英國問題」的確存在，而且他也對此問題進行簡略的、不具說服力的回答，而非如部分學者所言，韋伯忽略這個問題。筆者覺得癥結在於韋伯爲其理念型所惑，無法放棄形式理性的法律是處於最高階段的看法，雖然未必正確，但這是他所堅持者。另外，韋伯的「中國問題」遠比「英國問題」更難以解決。第二章分析韋伯學說中的價值議題，包括「價值中立」（以及被學者「修正」爲更讓人難以理解的「價值自由」）、「價值判斷」、「價值關聯」，另外，在實證主義的影響下，韋伯也對「客觀性」深感興趣，只是在歷史研究當中，這同樣難以達致？身爲歷史比較分析的前輩，如何在其研究中達到這樣的標準呢？這也是本章要探討的議題。

第三章，我們以一篇社會學系學士班學生的期末報告爲起點，詳細分析歷史研究與理念型之間的內在衝突，並藉此反駁韋伯所建議，歷史研究應該與理念型持續進行對話，但筆者認爲，這是口惠而實不至的說法，至少就韋伯的東、西方歷史比較研究而言，這樣的「對話」可以說是不完整。特別是在他不甚瞭解的東方（中國）歷史，要進行「對話」可說難上加難。此外，討論十九世紀的歷史主義與演化論如何影響當時的學術氣圍。第四章，我們將重讀韋伯的經典之作，也就是在世時唯一出版的專書《新教倫理與資本主義精神》[2]，其中，「新教倫理」與「資本主義精神」這兩個理念型占據韋伯學說中非常重要的位置，然而，在這兩者的緊密關係中，許多歷史「事實（事件）」被全然忽略了，難怪學者經常提及理念型具有烏托邦的性質，在現實中很難找到對應之物，但筆者認爲，這只是遁辭而已。另外證明至今仍有學者緊緊跟隨大師的腳步，即使知道韋伯的論述經不起歷史的檢驗，但無論如何也要讓理念型繼續延續其生命。然而，如韋伯建議我們，理念型應該要持續與歷史（經驗）事實進行對話。因此我們還得找出更多被掩埋著的歷史「事實」，特別是那些不甚符合理念型的「事實」。在最後的（結論）一章中，筆者謝某總結本書之發現，並且建議社會（科）學的除魅化過程或許應該是開始的時候了。

如果與筆者前著《社會學囧很大[1.0]》相較，這本續集所要探討的議題較爲複雜，需要更多的時間與空間來討論。所以，在此就不多談，緊接著我們進入第一章。

◆註解◆

【1】此時的英國可能忙於維護日不落帝國全球霸權之事務，因此將社會學的奠基者讓於法、德兩國。然而，這樣一來倒也為韋伯留下一個難題，即所謂的「英國問題」。

【2】Max Weber，《新教倫理與資本主義精神》（未名社科・大學經典），（北京：北京大學出版社，二〇一二）。

第一章 但理念型還是魅惑了韋伯

台灣話有一句俚語叫「掠龜走鱉」，有顧此失彼之義，或許我們可將之套用在社會學裡！話說理念型（ideal type 理念類型）一詞，無庸置疑地是社會（科）學最重要的概念工具，也可說是社會學古典三雄（社會學經典三大家）之一的韋伯留給後世的珍貴資產，但誰會想到，韋伯本人卻深受此工具所困，難脱其窠臼。最終，後世學者誤認為韋伯留下所謂的「英國問題」，但其實他已經解決了這個問題，然而苦於（或說「樂於」）理念型的魅惑，留下韋伯難以解決的「中國問題」。換言之，正確說來，韋伯留下的是「中國問題」，而非「英國問題」。也因此當學者們喜孜孜地以為自己找到韋伯的「英國問題」，卻沒有看到更大的「中國問題」悄然在身旁遊走。用輕鬆的話來說，的確是抓到了龜，卻讓鱉給溜走了。

貴為社會學古典三雄（canonic trio）的韋伯為學術界留下相當多的精神資產，這應該無須贅述。然而，若他僅留下一個懸而未決的問題，照理應該不會衝擊韋伯大師——通常是離開此世之後才能獲致——的地位才是。那麼，他到底留下了什麼樣的問題呢？具體而言，一群學者認定，韋伯對於「英國問題」的解釋並無法說服眾人，但另一些——或許人數較少——則相信韋伯不只知道「英國問題」，並且提出證據力主其言，來說明韋伯明確瞭解其存在，並加以解釋。筆者謝某選擇贊成後者。然而，即便韋伯對此問題已經做了解釋，但可惜的是，韋伯不僅受理念型所制約，在此之下，他僅能做出過分簡約的東、西方歷史比較（如果，眞有的話），導致一個世紀以來，韋伯這位大師級人物，爲我們這些社會（科）學後世的學習者留下了幾個相關且尚未解決的研究議題。但筆者認爲，韋伯爲後人留下的並非「英國問題」，而是「中國問題」。

本章結構安排如下，首先檢視「英國問題」的緣由，如此才能夠說明，不像部分學者所言，韋伯尚未解釋「英國問題」，其實韋伯不僅已經解釋，而且，其學說最大的問題應該不在此問題，而是其他；第二，說明爲何韋伯最終還是爲理念型的特殊魅力所惑，以致於衍生出其法律進化論之觀點，認爲形式合理的法律是演進的最高階段，對此，他並未給予合理的解釋，而且，筆者懷疑，這可能只是與韋伯所受的法學訓練有關，雖然這幾乎無法證明；第三，說明爲何不是「英國問題」而是「中國問題」。在韋伯的東、西方歷史比較研究上，過去，我們的確誤解韋伯，而且還是深深地誤解了。韋伯不甚瞭解的絕不是英國的普通法，而是義務觀的中國社會究竟以何種方式來保護人民的身家性命、財產等「權利」。韋伯並不清楚，早在一千多年前，其堅信之「現代」法理型科層官僚制早已存在於

「傳統」中國了；並且司法專業人員的訓練，亦是透過「理性的」科舉制度加以拔擢、訓練，與錄用；最後，總結本章的發現。

韋伯「英國問題」之由來

在這一小節之中，本文討論以下子題，包括韋伯運用理念型之後，對於法律的分類與其演進的方向；其次討論法律與經濟發展，或具體而言，法律與資本主義的關係；略敘韋伯的「理性化」，其宗教社會學、法律社會學，與政治社會學的融合，我們也將談談新制度主義；最後，針對韋伯的「英國問題」，表達本文的看法。

在社會（科）學中可說是最重要的概念性工具，同時亦深受韋伯所喜愛並經常加以運用者，就是「理念（類）型」（ideal type）。但令人難以想像的是，它竟然欺騙了韋伯，而且，在韋伯生前幾乎沒有機會知道其原因。當然，以下的說法可能只是華人的迷思而已，即所「天妒英才」之說，這或許可以稍爲解釋何以韋伯本人沒有機會知道自己被其熟稔的理念型所惑。這要如何說呢？古語道：才能超卓者，有時，連老天爺對他們都起了壞的念頭了，但這只是筆者謝某的猜測，也許，我們還是得從韋伯這位大師身後留下的隻字片語尋找一些蛛絲馬跡。到底爲什麼韋伯如此熱情地推薦了理念型，到後來，理念型還是欺騙了他？

筆者認爲，若要回答這個問題，我們得先討論韋伯著名之一「英國問題」。所謂「英國問題」（English Problem）[1]的存在與否，學者有不同的見解。贊成者認爲此問題的確存在，甚至還被視爲可能是韋伯法律社會學（Sociology of Law）的致命傷，像是洪鎌德[2]、林端[3]，David M. Trubek[4]等學者；然而，亦有主張「英國問題」根本不存在，因爲韋伯對該問題已有頗爲詳盡的解釋，像是Sally Ewing[5]這位學者。然而，在討論「英國問題」之前，我們尚須瞭解韋伯對於法律的分類，此與社會的進化有關，進而產生了「英國問題」。

韋伯對法律的分類及其演進

就法律的分類而言，開門見山地說，韋伯將之區分爲四種理念型，德國採用的羅馬民法爲最高階段的一種，爲世界上最進步者。爲凸顯西方法律體系的「進步性」，與之對立地，韋伯將「傳統」[6]中國法律視爲一種無法因應社會變遷的，也就是停滯的體系。乍聽之下，這說法不無道理，但幾經思辨思量之後，我們發現「進步的」西方，其法律體系是權利觀下長期演進的結果，此與中國義務觀的法律體系極爲不同[7]。但爲何在韋伯眼裡，明明是兩種不同的法律體系，還可以進行「比較」，然後得到了西方在這個方面優於東方（中國）的結論呢？這讓人感到十分好奇，因爲韋伯根本沒有機會學習到中國法律的相關知識，也因此他無法提供爲何法律在秦朝即不曾進步過的原因，他更未嘗眞正比較東、西方法律體系二者之異同。

不過，經由運用理念型，韋伯倒是爲法律做出分類，坐標的一方爲形式與實質，另一方則爲理性或者非理性，四種組合爲(1)形式／非理性；(2)實質／非理性；(3)實質／理性；(4)形式／理性。根據David M. Trubek（褚貝克）之說法，形式與實質涉及的，是形式化（formality）的有無，形式化意謂著「使用內在於法律體系的決斷標準」（employing criteria of decision intrinsic to the legal system）。意即，這類的社會規範並非假求法律外的道德、宗教、政治與經濟利益之考量，而是內在於法律系統本身，並且完全符合法律系統的要求。這種的規範單純爲法律規範，而不與其他性質的規範糾結，這是衡量法律體系是否發展成熟，是否「達到充足、自主、自決的地步之標準」[8]。

對於合理性與非理性而言，Trubek認爲這涉及合理性（rationality）的有無，或者合理程度的大小。他說：「合理性是遵守能夠應用到所有同質或類似案例的決定標準」（following some criteria of decision which is applicable to all like cases），也就是說，法律規範必須能夠普遍地應用在所涉及的人、事、物之程度。亦即類似的案例，是否能使用同一法條來裁判的問題。換言之，「合理性的指標爲法律規範的普遍性（generality）與廣被性（universality，普泛性、普世性）」[9]。以上，本文瞭解了韋伯法律分類之兩個座標的意思之後，他得到了四種組合，分別是形式/非理性、實質/非理性、實質/理性，與形式/理性之法律。這四者又分別代表什麼意思呢？對韋伯而言，這四者之間是否還存在著位階關係呢？這與韋伯對法律演進的看法有關，本文接著加以分析。

首先，形式非理性是指立法或執法不以理性或理智爲判斷之標準，例如，古代社會以占卜、拈鬮來定事論案，或以決鬥之輸贏來決定是否有罪等，此類法律不可能預測結果；其次，實質非理性是指法律的決定是「根據個別案件的具體情況裡帶有的道德、倫理、宗教、政治、經濟等等法律之外的因素」[10]，而非根據法規，是故，要理解或預測類似案件，其難度頗高；再者，實質合理的法律所引用的法條，其標準並不屬於法律體系本身，而是來自其他體系，像是「政治上的意識形態」、「宗教上的流派與信條」[11]等。人們一旦瞭解這樣的標準，就能夠理解法律之運作，不過，可惜的是，這種合理的理解之程度是受到限制的。原因是，觀察者並不易掌握「體系外的概念轉換爲法律體系內的規則」[12]，容易導致不小的差錯；最後則是形式合理的法律，這表現在兩方面：其一，法律的認定與執行是依據經驗或具體事實，例如，法律之有效性取決於是否登記，或記錄成文書等形式要件（此即爲書面主義[13]），其二，法律的觀念都得以用抽象的原則或命題來呈現，在立法與執行的過程當中，對於「事實認定」、「法規適用」都可以應用嚴謹的邏輯來進行分析[14]。以上，我們看到韋伯將法律分爲四大類別，其發展的順序、或進步的方向是從形式非理性、實質非理性、實質理性，次第演進到最高的階段形式理性的法律。

誠如東南亞馬克思學巨擘洪鎌德教授所言，韋伯在歷史哲學的研究途徑上，無疑地採取進化論的觀點[15]。從上述四種典型的法律體系看來，也能看出它們循著歷史進化的軌跡向前行。就法律的演進而言，韋伯則是以法律工作者——也就是，專門處理法律案件的受理、裁決、執行，以及詮釋之人員——來加以區分。韋伯如此說：

> 法律與程序一般的發展可以看做歷經以下不同的階段：第一，卡理斯瑪式的法律的天啓（啓示），依靠的是「法律先知」；第二，法律經驗的創造與尋求、依賴的是法律優位者……第三，世俗的、或神學的權力所強制推行的法律；第四，專業的法律，也就是有系統精緻的法律和司法專業的行政管理，是由接受博學與**形式邏輯之法律訓練**（粗體爲筆者所加）的人士來擔任的[16]。

從上面這段話中，我們至少可以約略看出，韋伯在研究西方法律體系，在其概念與實踐中不斷增強的理性程度。顯然，韋伯「發現」（或猜測）到只有歐洲的法律文化，才會發展到邏輯嚴密、天衣無縫的形式理性之法律；相對於歐洲的中國與印度，縱使它們曾經擁有光輝的古文明，卻因爲家庭與倫理觀念，或是宗教來世的輪迴觀的影響下，充滿了人治的色彩，「而無法產生穩定的、去掉身份關係的法律制度之形成」。換言之，歐洲——也僅只在歐洲——法律業已揚棄了魔咒的、天啓的，與怪力亂神的騷擾，而徹底理性化、世俗化與普世化了。要之，其特色是合理的、官僚的，伴隨著與機械式雷同的法律處理程序[17]。

此外，韋伯上述這段話，値得特別注意之處在於，他說：「專業的法律……是由接受……形式邏輯之法律訓練的人士來擔任的。」明顯得很，除了歐洲，或者更具體地說，非得在韋伯接受形式邏輯之法律訓練的德國，才可能發展出最高階段的形式理性之法律。這種說法，乍聽之下，的確有其說服力，擁有首尾一貫、思維愼密，且沒有漏洞的法律，「可預測性」（predictability）自然就提高了。相較於實質理性之法律——尙處於摻雜著無法完全掌握的因素之狀態——形式合理的法律可說是略勝一籌了。此時，如果我們完全採信韋伯所主張的，那麼，「英國問題」馬上就呈現出來了，爲什麼英國並非採用形式邏輯的法律，卻成爲資本主義最發達的國家呢？一方面，韋伯認爲形式合理的法律是資本主義能以發展最重要的條件（之一）；另一方面，未採用此類法律的英國，資本主義卻也得以在那兒成長且茁壯。簡言之，韋伯所堅持的專業之司法人員，非得接受形式邏輯之法律訓練不可，也就成爲所謂「英國問題」的根源了。

這裡，筆者想再略提在本書中可能遭遇的難題，但如果說，韋伯自身所處環境對其探討議題的選取、觀察的角度、方法的提出，乃至於結論的獲致不乏影響的話，可能的原因之一就是德國法律深受羅馬民法的影響，這讓我們看出這位大師何以對形式理性的法律情有獨鍾。當然，若要證明這種說法，恐怕有難度，或許永遠也無法證實。那麼，這眞的有點可惜。但無論如何，筆者還是希望我們至少能夠間接地看到這種可能性，當然，也無法排除希望落空的機會。

言歸正傳，本文認爲韋伯遭逢的難題是：專業司法人員「本來」應該受形式邏輯的訓練，但是當韋伯遇到像英格蘭這個例子的時候，原則就變成例外，變成無須接受形式邏輯的訓練，只消嚴格的訓練就可以了。若果如此，那麼，東方的中國又何嘗不可呢？

接下來，我們談談法律與發展兩者之間的關係。

法律與發展

本文在此討論法律與（經濟）發展兩者間的緊密關係。以下，再分幾個子題，包括，理性化、韋伯的宗教社會學、法律社會學，與政治社會學之融合，最後，討論新制度主義，此意識型態自十九世紀以來，至今爲許多學者所信仰著，還有人因此獲得二十世紀末的諾貝爾經濟學獎，而韋伯正是新制度主義的先驅。論及此點之目的在於，西方的興起，不少學者認爲與制度有關，而法律正是其一。

理性化（Rationalization）

先前，在拙著中，筆者嘗試效法韋伯尋找儒家倫理與資本主義精神兩者之間是否存在親合關係。幾經努力之後，果眞喜出望外，二者間的關聯確實緊密；並且，韋伯在新教倫理找到四個資本主義的特質——被他認爲是獨一無二的，諸如「視勞動爲義務」、「理性化」、「專業化」，與「可計算性」[18]等，其實都存在儒教倫理之中。我們知道，「理性化」（rationalization）是韋伯宗教社會學（Sociology of Religion）最重要的概念，對他而言，社會的世俗化、除魅化（disenchantment），以及後來似無休止的理性化過程裡，在不知不覺中資本主義於焉誕生。關於歷史的偶然性，有時還眞讓人摸不著頭腦。

根據Paul Walton的研究，他解釋道：「韋伯將理性化視爲一種逐漸增加的手段—目的關係之思考，使用可計算的科學技術，與相信人定勝天這個智識上、文化上的假設」。Walton認爲這樣的理性化過程「在根本沒給過什麼確定的理由下，簡單地爲韋伯所創造」，理性化過程在人類歷史上到處都曾出現過——這個論點類似於筆者在儒教倫理中的發現——並且爲「西方的勝利」增添了「難以解釋的神秘色彩」，後來「理性主義」（rationalism）就變成「西方文明的戳記」（the hallmark of Western civilisation）[19]。

筆者在此贊同Walton的說法。首先，因為禁欲同時也想榮耀上帝，於是，發生在新教徒——韋伯就是如此說——（社會行動）之間的「理性化」過程，突然間種種切切也都跟著理性化，資本主義就在不知不覺中誕生，這樣的推理確實有其難以解釋的神秘色彩。為何在這種過程中一定會產生資本主義，而非產生其他？歐洲的宗教改革——篤信喀爾文教派的新教徒是其中的一支——發生在十六世紀。現在，我們假定「理性化」得花一點時間，「資本主義」在誕生過程中也得花點時間，那麼，十六世紀的末葉，抑或是十七世紀的初葉[20]，資本主義不僅剛剛萌芽，並且還茁壯了些，雖然其蓬勃繁盛很難與現在相比。但在這個時期的歐洲，新教徒所聚集的地方眞是最為富庶之處嗎[21]？如果不是，那麼，產生資本主義的新教徒，反而是身處相對貧窮於其他地區，相信韋伯不會容許這樣的例子出現才是。不過，在這裡，暫且讓我們先略談此時——也就是十六世紀末、十七世紀初——的明朝中國。

一五七〇年代初，西班牙從美洲首次橫越太平洋，到達呂宋並占領此地，之後，西班牙人在呂宋深耕經營，並與中國東南沿海的商人貿易，他們總得帶點値錢的東西回去美洲，航海除了冒險之外，鉅額的利潤會讓人更樂意冒險。當時，最値錢的東西就是絲綢，重量輕、價格高；西班牙人來程從美洲帶來白銀（此時，明朝國內的銀產逐漸稀少，已不具重要性），回程時帶著長江三角洲（江南）的絲綢，此即白銀—絲綢貿易（silversilk trade），這檔買賣延續了二百五十年之久，只是台灣海峽沿岸的人似乎不太清楚明朝（與清朝）在絲綢工業領先全球這件事，也不知道這件事到底有何意義？所以，當西方學者說「傳統」中國是停滯的、落後的、封閉的，而且還不喜歡與外國人貿易，因此並不知道「國際」貿易可以帶來「雙贏」，大家還信以爲眞[22]。在這種歷史背景底下，韋伯的「理性化」到底有什麼意義呢？也難怪當Walton讀完韋伯的著作之後，覺得一頭霧水，雖然，他可能也不是非常瞭解明、清中國在全球商貿體系所處之位置，但無論如何，我們相信Walton所言，韋伯的「理性化」可能發生在許多地方。所以，韋伯並未告訴我們爲何歐洲贏得「勝利」，因爲連他自己也不知道，除了「理性化」這個似是而非的原因，還能有什麼因素，可以導致資本主義的產生。

這裡小結以上論點。除了明、清在產業上領先全球之外，倘如眞像韋伯所言，中國（與除了歐洲以外的其他地方）沒有理性，皇帝爲所欲爲，其「傳統」法律體系雖屬實質理性，但不少時候依然不具「可預測性」。只是，當時的事實是，絲綢銷往了美洲，帶著中國風的瓷器風靡歐洲，新教徒可能穿著明朝中國生產的紡織品，再加上，筆者猜想，說不定當時還有一些用來榮耀上帝的禮器底部都刻上中國製造（Made in China）呢[23]？！當然，這還得加上些考古的證據才行。「理性化」著實是個迷人的詞彙，但也可能是一個錯誤的開始。

宗教社會學、法律社會學，與政治社會學的融合（Convergence）

韋伯告訴我們，理性化是西方社會之所以獨特的原因。就我們所知，理性化爲何在西方興起，除了上述Walton的看法之外，理性化還可能與新教倫理有關。當然，對韋伯而言，法律的理性化只是整個西方社會進入理性化過程的一個面向，但這是最重要的。具體而言，韋伯心裡所想的是形式法律的理性化。這麼說，形式理性的法律是韋伯心目中最完美的、也是最高位階的。當然，相信韋伯本人應該也受過多年這種法律思維的訓練。

可以這麼說，不少學者——像是Martin Albrow, Trubek, Fritz Ringer，與高承恕等[24]——的確也認爲韋伯結合他的宗教社會學與法律社會學這兩個領域，試圖解答西方世界興起的原因，這同時也是十九世紀歷史主義支持者最關心的課題[25]。不過，筆者覺得，Walton的說法更具啓發性。韋伯對此問題——西方爲何興起？——的解答融合三者，而非二者，因還得再加上政治社會學（Political Sociology）面相，也就是韋伯對於三種權威理念型之討論。雖然Walton將研究重心擺放在韋伯「官僚（體）制」的分析上，但他留意到韋伯的宗教社會學（「理性化」隱藏在新教倫理之中）、法律社會學（形式理性的法律），與政治社會學（法理權威，rational-legal authority）之間連結。他說：「〔在韋伯的心裡〕有一個整體的觀點，設想著理性化……連結著他悲觀地已接受了沒有其他選項之官僚制支配，與資本主義避免不了的連結」[26]。在此，我們看到韋伯內心有個完整的圖像，這幅圖像由

「理性化」、「法律形式主義」（legal formalism），與「官僚制」所組成，彼此關係密切而難分難捨。韋伯用此圖像來解釋西方的獨特性，也就是西方興起的主要原因。

本文在這裡接著談一談「官僚制」，這涉及了權威（authority）的類型，權威的另一面向爲支配（*Herrschaft*, domination），此即「一群人服從特定命令的可能性」。當然，「服從至少部分而言是自願的」，否則「支配似乎無從穩定」。Fritz Ringer認爲，韋伯區分出三種「純粹類型的正當性支配」或「權威」，根據其正當性，分爲「傳統的」（traditional）、「卡理斯瑪的」（charismatic）性格，或「理性的」且「法制的」（或稱「法理的」（rational-legal））三種。

傳統權威類型是「長老制」與「家父長制」，幹部的來源複雜，無固定職權、無層級制，亦無專業訓練。根據韋伯的說法，服膺「卡理斯瑪權威」者會形成一種情感性之「共同體」（*Gemeinde*），此種支配類型之幹部是「因自身的卡理斯瑪稟賦而受選」。與「長老制」一樣，職權無明定之範圍、無層級制，薪資水準亦不明確。接下來，或許令人有些焦慮，韋伯說道，「近代」生活中官僚制可說是「命中註定」的，之所以不可避免，是因爲它是運作起來最有效率的、最可計算的，因此也是「形式上最理性的」支配方式。不過，在運用理念型時，韋伯仍不忘提醒我們，上述三種權威的「純粹類型」在現實中幾乎找不到例證，通常——即使並非總是——三種類型的混合才應該是常態[27]。本文認爲，這不無道理。不過，值得一提的是，權威的建立，當然與徵用專業人才有密切關係，誠如洪鎌德教授所言，韋伯讓我們看到歐洲「封建主義的習俗慣例」與「資本主義的法律秩序」二者間的差異，並且他認爲只有在資本主義社會裡才可能找得到專業的人員，來落實法律的治理[28]。洪鎌德教授的看法，事實上，呼應了Walton的論點：韋伯的觀點，不只是融合其宗教社會學、法律社會學，尚有其政治社會學。

因此，本文認爲，我們可以試著簡單扼要地重述韋伯的核心論點，那就是：在新教倫理中，韋伯（爲我們）看到理性化過程，同時，在西方形式理性的法律的（獨特）條件下，資本主義得以在西方的潤土上生根茁壯，其間由技術官僚所支撐的法理型支配之正當性支配，則保證了在其他地方無從尋覓的可預測性。

以上論點是韋伯爲我們融合了他的宗教社會學、法律社會學，以及政治社會學而得到的幾句值得珍藏的話語。

新制度主義

良善的制度是一國經濟發展成功最重要的因素，新制度主義的支持者普遍接受這種說法。一九九三年諾貝爾經濟學得主道格拉斯・諾斯（Douglas North）爲新制度主義的代表人物之一，他的主要論點是：西方世界之興起不在於船堅砲利，而在於卓越的制度[29]。當然，好的制度可以提高可預測性，壞的則降低，這應該可說是合理的推斷，而且，恐怕還不只是「推斷」而已。在二〇一七年時，世界銀行（World Bank）所發行的世界發展報告（World Development Report），名叫《治理與法律》（*Governance and The Law*）一書中，便強調法律制度在經濟發展的過程中，所扮演的重要角色。筆者覺得，這份報告不只在暗示低度發展與發展中國家應該學習工業國家以嚴謹的法律來進行國家治理，而且還讓人覺得，好像當今的已開發國家過去全靠良善的制度，以臻今日能躋身世界經濟體系的核心位置，而其他的非西方國家則還在「理性化」的起步階段，至多只走到中間位置而已[30]。

當然，如果說在理性化的過程中，我們應該也能同時看到制度化的過程，這點相信韋伯應該不會反對才是。筆者還依稀記得——學界似乎不鼓勵僅僅憑著模糊的記憶就從事研究與著書立說的這項工作——韋伯曾經稱讚過中國的科舉制度與治水能力，或許這二者都和制度（還得再加上專業人才之訓練）有關。另外，讀者應該還記得方才所提，韋伯指出的三種權威，包括「傳統的」、「卡理斯瑪的」、與「法理的」等支配類型。其中，唯獨西方社會才具備「法理的」權威，在其官僚體制中才能看到所謂的「層級」，此層級制的現象不可能出現於非西方社會之中。事實上，韋伯三不五時地嘗試提醒我們，理念型只是個概念工具，在現實生活中找不到一模一樣的具體事例，所以他叮嚀我們在使用時應該特別小心。當然，如此誠懇的忠告，研究者應該要牢記在心才是。

現在，我們接著討論支配的問題。韋伯說，傳統權威（支配）類型沒有層級制，那麼，唐代即以成形的中央政府體制，應該就不是單純的傳統權威，而可能同時含有法理支配類型的成份了。以皇帝為統治中心的政府體制，極有可能被學者——包括韋伯本人——視為「家父長制」，這倒不讓人意外，然而，這斷非事實。雖然天子與中央政府間的聯絡管道十分狹窄，這是唐朝政府機構的特徵，然而，其三省（中書、門下，尚書）與六部（吏、戶、禮、兵、刑、工）體制卻是相當明顯的層級制，照理應該為韋伯所推崇才是，但事與願違。為何天子與中央政府的溝通管道是狹隘的呢？這是因為天子只會和內局之長中書令商討政務，然後立案。接著，中書省的次官（中書舍人）以該立案為本，在「起草敕命」後「送往門下省審議」，門下省可對敕命行使否決權（稱「封駁」），這是門下省次官（給事中）的職權。若相較於僅次天子權力之下的中書省相比，那麼，門下省代表的則是貴族的勢力。接下來，「經門下省審議通過的政令」，還要轉至尚書省，才「頒行天下」。尚書省設六部，其中吏部權限最重，職掌官員之進退。如此看來，中央政府的三省只是名義上將天子視為君主，因為門下省甚至操有駁回天子成命的「封駁（權）」，並且，未經門下省的天子之命還無法成為詔敕[31]。

日本學者宮崎市定對於「君主獨裁」——也就是韋伯所言之「皇帝為所欲為」——的看法，令人深思，或許也能幫我們解答一些關於「傳統」中國法秩序的些許疑惑。宮崎氏認為，所謂君主獨裁云云，並非君主（皇帝）在政治上能夠恣意而為。從唐代的官制來看，其設計之目的在於「儘可能多地將國家機構置於君主的直接指揮之下」，國家運作的種種切切，均由君主來統轄，其實，這得以使各獨立機構免於陷入各自爲政的情形[32]。因此，不必然一看到「獨裁」二字，就全盤否定「傳統」中國的法秩序。

稍後，本文要談到唐朝初期官方拔擢人才的科舉制度，當時，考試科目有六，其中的「明法」一科，即是挑選出法律事務熟練之士進入官方的層級制，爲政府執行政令。

韋伯之「英國問題」

爲證明韋伯心目中「停滯的」中國，即使並非沒有遭遇困難，但仍不斷向前嘗試，筆者曾討論過中國傳統法律與知識產權保護的相關議題，並證明早在南宋時期，中國已經建制「全球」最進步的知識產權（主要爲著作權）保護的相關法律及措施。這可證明韋伯對中國法律體系有所誤解，他認爲中國傳統法律自秦朝一統之後，即處於停滯的狀態[33]。因爲在他的心目中，也唯有歐洲大陸法系是形式理性的法律，也唯獨這類的法律才具有可預測性。唯獨在人身保護與私人財產獲得保障之下，資本主義才可能興起。換句話說，韋伯嘗試說服我們，法律必須具備可預測性（或許再加上「可計算性」（calculability）），經濟活動才能順利完成，當然，這必須得控制在一定的成本範圍內，讓商人（或資本家）有利可圖，否則，倘若交易成本太高，利潤太少，則商業蕭條，資本主義也就無由產生。簡言之，良善的制度——包括法律制度——是交易得以完成的保證，對韋伯而言，這正是一個環境控制良好的溫室，使得資本主義得以成長。這種環境在世界其他各處都找不到，只在歐洲才能發生[34]。或者，應該具體一點地說，是在新教徒生活著的地區，或者再具體一點地說，是在德國，因爲這個國家的法律正擁有著韋伯給予高度肯定的形式合理性。在這裡，我們先來看看認爲不存在著所謂的「英國問題」的Ewing是如何看待資本主義與形式理性的法律之間的關係。

誠如Ewing所言，不少學者認爲，韋伯試圖要證明「法律思維之中的最高級理性——邏輯形式理性」與「最進步的經濟理性——（只）蘊含在資本主義」之間的正向關係，並且，既然「資本主義**確實地第一次**（粗體爲筆者所加）發生在英格蘭——沒有邏輯形式法律體系的地方」這使得「不少學者總結了韋伯的法律社會學承受著經常被指稱爲『英國問題』（England problem）矛盾」[35]。簡單說，雖然Ewing並不同意韋伯留下什麼「英國問題」，但我們可以清楚看出，而且，筆者也同意Ewing的說法，那就是：韋伯在其法律社會學試圖證明西方的興起與資本主義有關，而資本主義只能在某種含有特殊礦物質的土壤中才得以成長，這種沃土韋伯稱之爲形式合理的法律。當然，我們業已得知，這種土壤只有歐洲才有，雖然韋伯應該不敢直接道出。事實上，只有他的母國——也就是德國——才有，因爲在他弱冠之年的一八八四年，相較於其他列強，大英帝國不只控制絕大多數的殖民地，而且，這個像似永遠不滿足的帝國，英國在十八世紀中葉時發生的普拉西之戰大勝，從此之後，印度逐漸成爲大英帝國最大的財庫寶藏。長期住在距離英國不遠之處，怎可能沒聽過英國累積眾多財富與其運用的方式呢？但是，卻因爲難以運用形式理性法律這個標準來檢視英國，所以，韋伯只好避免以英國爲例？因爲這裡的人民信奉——至少有一部分被迫信奉——英國國教，不像喀爾文教派，沒有預選說的英國國教到底如何做到的呢？相信韋伯也很想知道原因。但這不正是「英國問題」嗎？也許部分如此，但還有一部分，我們得看看Ewing所抱持的看法。現在，讓我們再次看看形式合理之法律[36]的模樣。

制定形式合理的法律牽涉到「方法論理論與邏輯理性最高的量度」，洪鎌德教授指出，這乃是由以下五個判準得來的：「第一，每一個具體的法律裁決都是抽象的法條對其（具）體的『事實情境』之『應用』；第二，依靠法律邏輯從抽象的法條中能夠找出裁決，俾解決每個案例；第三，法律必須在現實上眞正地能夠建構一個『無瑕隙、無漏洞』的法條體系，或至少被當作這種無漏洞體系來看待；第四，凡是用理性的方式無從做法律上的『引伸』（或『意涵』）之物，被視爲與法律無關之事；第五，人群每項社會行動必須看做（是）法條的『應用』、『執行』、或是對法條的『侵犯』、『違逆』。」從而，遵循著上述五個嚴格的標準而衍生出的形式理性之法律，確實可說是密不通風、毫無漏洞的法律，而其代表則是「德國民法及與此相關的整個德國法律制度」，因爲它乃是「延續了羅馬民法精神」而建構起來的。[37]如此聽來，我們似乎不得不說形式理性的法律確實吸引人，只是很不湊巧，形式合理的法律，與韋伯在德國所接受之嚴格的律師訓練正好相同，這難道不讓人懷疑韋伯心中存著老王賣瓜，自賣自誇的心態嗎？雖可能有，而且本文相信，然而要證明可不容易。

再者，除了先前所提，認爲韋伯法律社會學的確存在「英國問題」的學者，像是洪鎌德、林端[38]等，本文也覺得，這可能是韋伯不愼遺留的「英國問題」確實存在，並且，筆者謝某過去在略提「英國問題」時，曾說過以下這段話，或許値得再述，即使所關心的事有所不同：

> 不過，說也奇怪，英國似乎是全球資本主義最發達的國家，這樣說，反對的人應該不多。然而，英國的普通法並非韋伯心目中所讚賞的、完美的，具形式理性的法律體系。韋伯給我們的解釋的，因爲英國有完整的法學教育機構。不過，這又引發另一個問題。傳統中國雖然行政立法不分，但民間的頌師與官方的幕友在司法審判的互動之中，對於中國傳統法律的訓練有一定之助益。韋伯可能不太清楚中國的這種制度設計，所以，應該也難以比較英國的「完整」的法律教育比起中國到底有哪些優勢[39]。

筆者在數年前對所謂的「英國問題」埋下伏筆，除了先前在提過的訟師與幕友之間的互動，有利於司法人才的培養之外，本文稍後再以科舉制度爲例，來說明韋伯的法理型官僚制在「傳統」中國乃是眞實存在。

總之，筆者同意Ewing所言，韋伯確實能理解其「英國問題」。以下，我們繼續討論Ewing的說法。

但理念型還是魅惑了韋伯

本節嘗試解釋，爲何韋伯最終還是難逃理念型對他的誘惑，爲了理念型——或具體而言，四種法律類型（形式非理性、實質非理性、實質理性，與形式理性）——的完整，無論是否刻意，韋伯必須忽略（或者沒有能力處理）發生在東方（中國）的歷史事實。相信唯有如此，他的理念型才能操作得更加順手。韋伯曾經在某處說過：理念型要經常與「歷史事實」對話？筆者不禁懷疑，韋伯是眞心地這樣說嗎？歷史「事實」往往龐雜無序、盤根錯節，如果要經常讓理念型與「事實」持續對話，在能力所及的範圍內，這眞的能使理念型如韋伯所說的那樣臻於完美？本文持保留的態度[40]。

本節擬討論以下子題，包括非形式合理之法律的普通法、形式理性的再實質化，與對韋伯而言魅力獨具的理念型。首先來看普通法，這個並非韋伯心中極力推崇的法律，但就累積財富的能力來看，至少執行起來似乎不會輸給形式理性的德國民法。

非形式理性但具可預測性的普通法

再來我們討論不具形式理性的英國普通法。筆者同意Ewing所提的理由，讓她堅持韋伯既認清且處理了「英國問題」的理由是：即使是非邏輯形式理性的普通法，仍然可以在該法律體系之中看到可預測性，所以，資本主義發源自英格蘭就不成問題[41]。筆者能同意這個論點，爲何如此？一反過去社會（科）學領域要求不斷進行批判性思考，本文力求以不同觀點來檢視韋伯的說法。簡言之，本文同意Ewing的論點，韋伯業已解決「英國問題」。不過，唯有這樣才能進一步說明，韋伯還有更嚴重且無法解決的「中國問題」。

普通法爲何重要？因爲這種法律體系正巧不是韋伯心目的理想類型，也就是形式合理的法律。當然，英國的確不使用形式理性的法律來治理國家，然而累積財富的能力卻無與倫比，可是，英國——與所謂「傳統」中國蠻相似——的法律充其量只演進到實質理性（甚至還可能低於這個階段），也就是韋伯所說的第三階段。但在這種法律制度下，其可預測性雖然可以存在，但有時還眞讓人理不清頭緒。這時，「英國問題」來了。不少學者認爲資本主義起源英國，可能的原因是工業革命發生在英國，再加上優越的制度，所以英國能成爲富強的國家，所到之處眾所矚目，成爲「日不落國」，聽起來不無道理。不過，對韋伯而言，這個沒有形式合理之法律的國度，竟然還會被認定爲資本主義起源之處，那麼，法律的四大理念（類）型最高階段，也就是形式理性的法律，不就傾跌近地，而與形式非理性爲伍嗎？筆者覺得，正是如此。

Ewing認爲，當韋伯在探討法律與經濟行爲——具體而言，就是資本主義——的時候，她發現在韋伯的思維中，可以看出一個轉折，也就是由原本考慮不同類別的法律體系之內在特色，轉移到特定法律實踐到底如何影響經濟行動的分析。在此脈絡下，韋伯曾經如此這般地強調：

> 如果要說經濟秩序與法律秩序（legal order）二者彼此間是如何緊密連結，那麼後者，也就是法律秩序應該從社會學的角度來理解，而非從法律學的角度，也就是必須**實證上**〔粗體爲原文所有〕令人信服的。在這樣的脈絡底下，「法律秩序」便有了完全不同的意義，它指涉的就不是一個在邏輯上可以被驗證爲正確的規範，而是指涉了將人類行爲導引至正確之決定的一組複合體[42]。

Ewing繼續說道，對韋伯而言，這「法律秩序」之所以與資本主義的興起有關，並非源自一種法律思維（本文認爲，具體而言，指形式理性的法律），而是一種社會秩序。在此秩序安排下，法律這個制度，藉由提供可預測性而有利於資本家之間的交易。「法律」簡單地說只是一種「秩序」，這種「伴隨著特定保證」（endowed with certain specific guarantees）的秩序，使得在實際執行上成爲可能。但這種「法律秩序」最重要的是什麼？韋伯認爲，這種關係爲「可預測性」提供了牢靠的保證[43]。但筆者相當懷疑，難道在其他地方就找不到類似的關係嗎？

本文認爲，Ewing仔細閱讀韋伯的著作之後，所找到的證據確實有相當的說服力。她指出，韋伯將契約關係視爲資本主義下明確的法律關係，此種受到保護的權利，對於市場的可預測性而言乃是必要的。此外，當市場愈來愈重要時，某些在市場上可能獲利的團體——也就是「現代的中產階級」（the modern bourgeoisie）——開始取得權利，並且在市場上占據有利位置，得以逃離可能的政治干預[44]。有能力向政治權威挑戰的團體，所獲得的自治權力漸增，逐步在經濟領域內管理自己的事務，自由簽訂契約，這件事已成爲「現代」社會的特色。韋伯表明，這是所謂的「契約的」（合同的，contractual）社會[45]。

綜上所述，筆者同意Ewing的說法——未必要有形式合理的法律才能看得到可預測性，那麼，又爲何非得是歐陸法系之邏輯形式合理，才是最高階段的法律呢？或許只能這樣說，韋伯對他自己所創造出的幾個法律的理念型深深著迷，也因此不得不將中國（印度，以及阿拉伯世界）的法律視爲低於歐洲的形式理性之法律。對他而言，唯有如此，這套由他創建，演化式的四大法律理念類才可能成立，同時也解釋西方社會何以興起。

形式理性法律之再實質化

其實，韋伯在他的時代所建構出完美的模型，也就是形式理性的法律，就已經受到侵害，至少有一部分是因爲形式理性的法律之實質化過程所導致。

關於形式理性法律之再實質化的問題，我們可從Gunther Teubner（屠布涅）的說法中得到啓發，他認爲自一九八〇年代開始，國家的管制、干預明顯地擴大了，形式法律已不足以適用。此時，重點從形式走向實質，於是產生一種現象：即開始強調「實質上合理的法律」（substantively rational law）。本文在此將Teubner與韋伯加以簡單比較，事實上早在一個世紀之前，韋伯便已經留意到社會法（social law），平心而論這可是難能可貴。然而，注意到這種形式理性的實質化現象者，Teubner並非第一人，早在一九七五年一月底，在英國牛津大學社會法律研究中心（the Centre for Socio-Legal Studies, Oxford）所舉辦的法律社會學（the Seminar on the Sociology of Law）研討會時，已有學者發表過類似的看法。當時，Martin Albrow發表的論文，就值得一提。

Albrow在文章中討論韋伯的生平、法律與社會間的關係、實證主義，與客觀性[46]的問題，但他也對法律與社會的同時變遷[47]表達看法，他說：

韋伯以保守的方式來看待法律，似乎是與生俱來的，因爲在眞實社會生活中的任何改變，都涉及法律概念在意義上的更動，這些變化必須被視爲對實質情況之侵擾與形式法律理性一種必要的削弱。在此基礎之上，社會變遷愈快速，我們就能期待更多實質的考量之入侵（形式理性的法律），律師也必須更頻繁地去改變他們的想法。[48]

這段話告訴我們，Albrow似乎認爲法律的實質化是無可避免的，只要社會持續變遷，一般而言，社會變遷是相對緩慢的過程，但法律又何嘗不是?然而，只要人們的社會生活發生變化，法律的思維、立法、執法，與救濟方式，也都會跟著調整步伐，來適應新的環境與事物。不過，這些早就已經發生過，而非僅發生在韋伯身處的十九世紀中、後期與二十世紀初期，變動逐漸加速的時代。

事實上，不只是形式合理的法律受到社會變遷的影響（或侵蝕），其實，在韋伯所認定充其量只發展到實質合理之法律的中國，早在宋朝，就已經可以看出法律與社會同時進化的現象。筆者在二〇一五年《社會學囧很大[1.0]》一書對此的描寫，或許值得再次玩味：

以經濟繁榮的宋朝爲例，人稱宋朝好訟，這一說法可從「編敕」數量的快速增加看出來，同時也可藉此反駁韋伯所言，中國傳統法律體系已停滯許久，自秦以降不曾變動過的荒謬說法。編敕的增加是一種法律與社會互動之後的結果，宋朝以編敕的形式增加「律」，以補「律」之不足。因爲經濟發達，糾紛自然增加，自然必須因時調整。例如，從宋太祖到至宋理宗的二百八十年間，共編敕二百一十部以上，這說明了宋朝編敕的頻繁，其中尤以宋神宗時間最多，共編敕八十五部，四千三百八十一卷，占總數百分之四十。這一方面反應宋神宗時期變法與編敕的關係，同時也說明了社會與法律之間互動的頻繁[49]。

以上，我們得知宋朝並非是一個無訟的社會，可能恰恰相反，由於糾紛增加、訴訟迭起，爲解決爭端必須在「律」之外新增許多「敕」來因應變動的、複雜的社會。但爲何韋伯要堅持，形式理性的法律才是四種法律理念型的最高階段？或許，韋伯早料到理念型所可能引發的問題，不過，依然無法抗拒理念型的魅力，而爲理念型化繁爲簡的魔力（或其他力量）所誘惑，所以無法解釋爲何實質理性的法律——包括英格蘭、大清帝國——僅能提供較差的可預測性。不過，事實上，筆者懷疑韋伯是否有能力比較實質理性與形式理性兩者法律的良窳，簡單說，因爲研究所選用的標準可能不盡相同，而導致結果相差甚遠。但總歸一句，在與形式理性的法律相較之下，上述法律實質化的現象，表現更爲「因人制法」、「因事制法」、「因時制法」、與「因地制法」[50]，當然如此一來，也會侵蝕形式理性的法律，相信這乃是韋伯所不樂見的。

明顯地，筆者在文中所持的立場是：「英國問題」的確存在。雖然筆者並不同意Ewing所言資本主義的起源地是在英格蘭，但是，我們能清楚知悉他爲何會堅持沒有「英國問題」，或者說，韋伯業已對該問題提供完整的回應，故此問題早已不攻自破。如前所述，不少學者認爲「英國問題」的確存在，而且，應該是韋伯法律社會學論述中一個相對嚴重的問題；但是，Ewing看法完全相左，認爲「英國問題」根本無存，因此本文認爲，Ewing[51]的論點頗值得讀者再思。

接著我們將會看到，韋伯老早知道他鍾愛一生的形式法律在合理化的同時將面臨「再實質化」的過程，如此一來，不僅Ewing爲韋伯提供理由充足的辯護，另外，也讓屠布涅這位法律社會學家對韋伯的批評頓失立足點。換句話說，如果Ewing眞找到韋伯在一個世紀以前就已預知形式理性的法律可能遭逢的問題，那麼，屠氏的批評就連後見之明也稱不上了。依照Ewing已經爲韋伯找到合理說詞的論述，韋伯所云形式理性不僅在實際執行上產生困難，還得在每個具體案例背後都必須由抽象邏輯加以支撐。另外，由於福利國意識型態的興起，不少的法律設立與執行都爲解決實際的問題，在在侵蝕著邏輯嚴密的形式合理之法律。那麼，爲何韋伯鍾情於法律的形式理性化呢？不過，還是讓我們先看Ewing到底在韋伯的著作中找到些什麼。

韋伯在大約一個世紀前就看出以下情況，可謂洞燭先機，而Ewing引用韋伯以下著作之一部，也頗具說服力，她說，韋伯在談及工人階級（working class）的立法需要、政策制定與執行時，他曾經如此說：

> 伴隨當代階級問題的勃興，在當代裡，對於植基於情感上膚色的、倫理的，與反對純粹以商業宰制的，而是關於「正義」或「人性尊嚴」的「社會法」的需要已經浮上檯面。這不僅只被勞工與其他利益團體支持而已，同時也被法律思想家所擁護。因爲這些需求，法律的形式主義本身已經被挑戰了[52]。

從這段話看來，青壯年乃至中年的韋伯，身處於十九世紀末與二十世紀初的歐洲，特別是德國（德意志帝國，Deutsches Kaiserreich），當時浮現的不少社會問題，例如勞工、種族、階級不平等。不少團體，也包括法律思想家擁抱著「正義」、「人性尊嚴」的想法，希冀能夠透過立法的制定與執行，對社會進行實質改造。韋伯已經看出，形式合理的法律在一定程度上將受到損害。

接著，Ewing解釋說：韋伯指出，法律專業人員憑著所提供的新法律標準，對於形式理性法律之除魅化也貢獻良多，當律師與法官們不再視法律爲一封閉的、或者形式上高於社會的體系，那麼，整個法律裁決的焦點就跟著轉移了。當然，韋伯既然留意到「許多歐美的法律學者全然地拒絕抽象邏輯的運用」，法官——（因爲抽象邏輯之運作的作法）就像是台「老虎機」（slot machines）那般——轉而直接運用法條找到其「正確的決定」（correct decisions）。換句話說，事實上法官開始仰賴自己的判斷，而不再機械式地依循抽象的規範來做出決定，此即是韋伯所言，由「非理性的法條尋找」（irrational lawfinding）進入了「假定地形式理性的體系」（supposedly formally rational system）[53]。在此，Ewing道出韋伯在當年即已察覺抽象的原則、密不通風的邏輯思維在執行上的困難，是故，他觀察到歐美不少法律專業人員完全拋棄抽象法律原則的應用，轉而相信自己的專業判斷。當然，韋伯使用「老虎機」一詞來形容法官裁定案件，恐怕不乏有戲謔之意，但這也還算可以接受，蓋他心目中最高階的法律還是形式理性的。很明顯地，韋伯認爲在法律裁決的過程中，倘若社會的、經濟的，或是倫理道德的理由，法律專業者的考量之中，那麼，就如韋伯所言，此將「嚴重地**損重**（粗體爲本文所加）司法意見之精確度」（the juristic precision of judicial opinions will be seriously impaired）[54]。

從上述Ewing引用韋伯的文獻裡可以清楚看出，韋伯早在一個世紀前就已看出形式理性之法律的「再實質化」[55]過程。也因此，Ewing才會建議我們不能將形式理性的法律視爲資本主義存在的必要條件，如此，實施普通法的英國成爲資本主義「起源」之處，也就不成問題了，於是對Ewing而言，韋伯已經解決「英國問題」了。

但筆者心中疑竇未解，爲何韋伯要堅持形式理性的法律是人類歷史演進的最高階段？難道他只爲了證明中國（印度、阿拉伯世界，以及其他地區，例如英格蘭等）的法律至多只停留在所謂實質理性的階段嗎？剛剛我們不是才看到韋伯將拒絕運用抽象原則做裁判的司法人員，稱其審案過程爲「非理性的法條尋找」（irrational lawfinding）嗎？即使是實質「理性」，其程度還是低於形式「理性」，然而，這二者究竟有何差別？這不得而知，只能先束之高閣。

根據Ewing的說法，既然韋伯預先清楚知道自己推演的形式合理之法律在實踐上有其困難，並且也早看出形式理性的法律存在實質化的問題，那麼又爲何要堅持形式合理的法律才是最高階段呢？這讓筆者不得不相信，韋伯對理念型的確是情有獨鍾的。

獨具魅力的理念型

在社會（科）學的浩瀚領域裡，理念型可能是韋伯留給世人最重要的概念工具了。現在，容筆者重述韋伯將法律區分的四個理念型，分別是：形式非理性、實質非理性、實質理性，與形式理性的法律。韋伯心裡應該是這樣想：除了承繼自羅馬民法的德國法律屬於邏輯形式理性之外，其他地區的法律都還處於尚在學習如何演進到形式理性的過程中。

十九世紀歷史主義[56]支持者所關切的主要問題是：爲何西方能夠領先世界上的其他地區？學者們努力嘗試尋求答案來說服自己，身爲經典社會學三大家之一的韋伯，爲此問題孜孜矻矻地尋求解答，雖然我們很難證明他擁護當時頗爲風行的歷史主義。那麼，究竟爲何歐洲領先呢？答案經常都是「資本主義」[57]，韋伯自不例外，但他的分析框架竟無任何特別之處，這頗令人感到訝異！簡略地說，對韋伯而言，西方爲何興起？這個問題吸引十九世紀眾多的歐洲學者，當然也包含韋伯，他的答案同樣毫無疑義，就是資本主義。這麼說，資本主義的「有」或「無」成了西方（例如英格蘭，但對此韋伯可能有不同之意見）興起、東方（特別是積弱不振的大清帝國）衰弱的主因。那麼，如果非得要找出一個韋伯學說的特別之處，那就是：韋伯對於資本主義到底源自何處的這個問題特別感到興趣，這是他亟欲知道的，當然，無數韋伯迷也同樣想知道。於是乎，資本主義的起源成爲韋伯論點最重要的課題，答案就在遵循新教倫理的教徒的身上，恰好韋伯又是社會學個人主義式研究的代表人物，當然，這群人的內心世界就成爲韋伯竭力追尋的研究問題。可是，這豈不就是心理學化約論的極佳範例？正是。不過，幸好，韋伯還想到運用理念型這個概念工具，讓他得以脫身，避免被批評是一位化約主義者。所以，這次讓韋伯避開研究的麻煩事，就是理念型。那麼，這個概念工具到底是如何幫助韋伯脫身呢？

韋伯扎扎實實地從化約主義的指控之下脫身，而且，幫助他的正是理念型這個概念性工具。然而，成也理念型，敗也理念型，因爲韋伯執著於將形式理性的法律這個理念型視爲演進的最高階段，而忽略掉與歷史持續進行對話，以致留下了「英國問題」（本文認爲應該是「中國問題」）。那麼，爲何韋伯利用理念型來逃離心理學化約論的指控呢？某個、或某些新教徒深藏於心的某種（經濟）倫理爲何能夠變成一種具普遍性的行動類型呢？牟利成的研究頗有見地，他說：「理想類型是韋伯理論由微觀過渡到宏觀的橋樑」，其解釋如下：首先，「社會學的任務就是理解人的行動」。韋伯宣稱，「因爲行動存在意義，所以理解就成爲發掘行動背後動機的方法」[58]；第二，韋伯爲了阻止眾多「純粹的個人經驗」不致變成「無休止累計」，並且爲了避免落入所謂的「心理學的簡化論（化約論）層面」，進而維持社會學的解釋，韋伯建構出理念型，亦即「從社會現實中抽象有限的要素並對其進行組合」，藉以瞭解紊亂的經驗現象；第三，在「理解社會學」裡，意義乃是主體性的，以研究「社會宏觀現象」。是故，意義就必須「離開獨特的個體而被展現」出來，如此，個體的獨特性「被吸納進一個普遍性的行動類型」之中，伴隨著「個體之間的意義指向使上升為群體……的意義指向[59]……」。簡言之，假使不借助理念型的幫助，對韋伯化約論的指控便難以無罪開釋。

此次的脫身，應該會讓韋伯更鍾情與執著於理念型，卻忽視自己牢抓著理念型不放，而導致「英國問題」（或者「中國問題」）的產生。

沒有「英國問題」，但有「中國問題」

經由前面的討論，本文覺得Ewing所言不無道理，韋伯在其著作中早已回答「英國問題」，是故，她宣稱根本不存在「英國問題」，在Ewing的努力之下，韋伯的大師位置總算保住了。只是，筆者發現，韋伯所留下的並非「英國問題」，而是「中國問題」，為什麼呢？

以下我們將會看到韋伯深信的法理型權威（正當性支配），也就是「現代」科層制，早在「傳統」的中國就已出現，未必要等到西方的「現代」之後，經過不斷的演進過程，才從歐洲傳到亞洲。當然，成千上萬的韋伯迷的確可能略感驚訝，為何如此進步的制度

——法理型的科層官僚制——竟然會出現在中國這塊古老的土地上？

本節筆者擬證明韋伯留下的「英國問題」並不若想像中嚴重，反倒是他所留下的「中國問題」還更重要，因爲，不少東方（中國）知識分子對「中國問題」同樣欠缺瞭解，那麼，對韋伯的說法產生些許質疑之心又如何可能呢？應該很難。以下，我們討論幾個子題，包括，法律專才的訓練、科舉制度與人才養成（幕友），以及書面主義與訟師（科舉落第者）二者如何強化彼此。我們先談談法律專業人才的訓練，沒有形式理性法律的英國對其律師之培育，曾經受到了韋伯極大的推崇，我們應該都還記得。

法律專才之訓練

學院的訓練能培養研究者的批判精神，所以，原則上，研究者不太可能百分之百全盤接受韋伯的論點。然而，就像是眾多韋伯的支持者一樣，David M. Trubek對於韋伯的學說大抵上持接受的立場。他首先於一九七〇年代在《*Wisconsin Law Review*》期刊中〈Max Weber on Law and the Rise of Capitalism〉一文的結論看來，他謙虛地說：「對於韋伯作品的再述……他僅僅建議韋伯的歷史分析（historical analysis）顯示了經由比較的研究（comparative research）之後，（極端的）守法主義〔legalism〕是如何興起於歐洲，以及其他主要文明這方面（法律的形式合理化）之失敗[60]。」在此我們可以看出，與多數學者無甚差異，Trubek也認爲韋伯對於（東、西方）歷史比較研究已做出值得後人學習的範例，但這種說法直接假定韋伯對於東方世界——特別是中國——的看法是正確的，即使有誤，亦輕易地被歸屬於「無傷大雅」、「瑕不掩瑜」之一類，絲毫無損於韋伯是社會學經典三大家之一的崇高地位。只是，筆者以專章〈還原眞相：西方知識體系建構下曲解的中國傳統法律〉，來詳細討論清末時才引進的德國民法——最讓韋伯傾心的法律體系——之前，中國向來是個義務觀的社會，並不存在權利觀念，在這個社會裡，保護人民生命財產的方式迥異於西方世界，主要是透過處罰侵害他人者，間接保障受侵害者之財產與所有之物，明顯不同於韋伯相對較爲熟悉的歐洲[61]。

先前，Ewing爲韋伯辯護時，他提出證據，來證實韋伯的確解釋了「英國問題」。韋伯清楚地知道英國的普通法並非形式合理的法律，所以，無法將普通法拿來當作法律發展最高階段，也就是形式理性。於是，韋伯提供我們一個說法，那就是：英國有較完整的律師訓練[62]。Trubek在說明韋伯認爲歐洲——相較於其他文明——的法律具有獨特性時，他也提到西方法律（包括非形式理性的英國普通法）爲維持法律體系的邏輯愼密，並且能夠完善運作，那麼，其規則必須建立在「高度專業形式的思維」之下，如此才能讓整個法律知識體系構建起來，這些「只能經由專業人員的訓練」[63]方爲可能。現在，請容許筆者再次提醒讀者，本章開宗明義提到，筆者同意韋伯業已解答「英國問題」，其問題可視爲不存在，如Ewing所言。然而，本文想證明：不是「英國問題」，而是「中國問題」困擾著韋伯（應該說韋伯的支持者[64]），因爲假若英國的普通法根本與形式合理的法律無涉，資本主義還可以（第一次）在這個國家出現，那麼，不同法律思維、作法對資本主義的起源、興盛與否又有什麼關係？反正，只要像韋伯所說，有專業人員的訓練方式就可以了。但先前，我們也提到形式合理的法律是資本主義興起的必要條件，此時，當遇到不成問題的「英國問題」，卻又變成只要有良好的訓練也可以產生資本主義？這兩件事都是韋伯所宣稱的，所以，我們應該都相信他？也許吧。但這又讓十六世紀篤信喀爾文教派的新教徒情何以堪？韋伯不是也曾經說過，資本主義的起源在新教徒聚集的地方，他們（都）特別有錢、特別擅長於經營某些行業嗎？

相信我們很難在短時間內就判斷出到底韋伯所說的哪個論點才是眞的，不過，我們暫且不去懷疑良好的專業訓練能對於法律體系的運作產生助益，那麼，或許我們應該看看中國的法律專才是如何被訓練成專業人士吧！因爲韋伯並未說明，良好的訓練一定得在英國才能完成，在（傳統）中國，即使是在有系統地訓練之下，依然不可能實現。筆者在先前〈還原眞相〉一文中，介紹宋代驗屍的標準程序、相關專業人員、司法救濟等等，事實上，正如學者郭東旭所言，除了宋代科學的進步爲檢驗制度奠定了基礎外，興盛的律學亦爲該制度儲備了發展的資源[65]。然而，法律專才的選擢，並非肇始於宋代，早在隋朝就已經制度化（institutionalized），而制度化這個詞彙豈不是西方學者經常目爲西方興起的主因嗎？似乎如此。

先前，我們討論了新制度主義，其支持者認爲制度的良窳與經濟發展關係匪淺，相信這種論點韋伯應該不會反對才是，況且不僅制度而已，在法理的（legal-rational）官僚制之下——對韋伯而言，這是西方所獨有的——其行政與其他相關人員的選取、進退、薪資的多寡、工作的內容，與職位的權限，悉數由法律規定。然而，這不就讓人想到先前才提到的「唐朝例子」——具體而言，就是唐代中央政府的三省六部機構——正適合一千多年後，韋伯心目中最佳的官僚體制嗎？本文認爲，正是如此。三省六部中的尙書令（行政暨司法專職單位）旗下之右僕射所屬的刑部尙書專掌司法案件審查與執行[66]。那麼，唐代中央政府機構以及地方官員又是從哪裡來的呢？當然，以下討論的科舉制度，明顯地，也是制度化的一環，新制度主義的支持者應該對此感興趣才是。科舉制度與中國官僚體制的人才——包括法律專才——的訓練與養成息息相關，而專業人才是理性化過程的必要條件，相信韋伯也會同意這個說法。

科舉制度與人才養成——幕友

粗略地說，科舉制度源於隋代（五八一～六一九），至唐代逐漸確立下來，一直沿用至清光緒三十一年（一九〇五）爲止。當然，制度化是逐漸演進的過程，非一蹴可幾，科舉制度亦復如此。開皇九年（五八九），隋文帝楊堅統一中國，之後唐朝爲求妥善治理廣大的領土，皇帝及其統治階級，認爲有必要「建立一些選官的客觀標準，以及具競爭性的文官考試制度」。初唐開始，考試科目有六，計有「秀才」（才能不凡之士）、「明經」（飽學經書之士）、「明法」（法律事務熟練之士）、「明書」（書法高明之士）、「明算」（算術精通之士），與「進士」（文意爲「高級學者」，西方學者常視之爲「文學博士」）等。除「進士」之外，其他各科皆可上溯至漢代。在漢代是察舉，之後演變成考試而已，並且例常性大規模拔擢各類賢才並非罕見[67]。其中的「明法」科，值得我們注意，因爲韋伯認爲無論是形式理性的法律之專業人才（包括韋伯自己），抑或是不具形式理性之普通法的從業者的專業訓練，都是「理性化」的重要成份，不可或缺。那麼，在所謂的「傳統」（或「停滯的」）中國，其實狀又是如何呢？

方才所提唐代三省六部機構，其中之尚書令（右僕射）之刑部尚書，另外，中國自秦朝（公元前二二一～公元前二〇七）以來，就設有專門的司法機構，像是秦、漢朝（西元前二〇二～二二〇）時的廷尉，唐、宋朝時的大理寺[68]，元朝（一二七一～一三六八）、明朝（一三六八～一六四四）、清朝（一六四四～一九一二）之刑部，這些單位握有「全國案件的復審權」與「全國重型案件與疑難案件的判決權、裁決權、全國法律的解釋權和立法權等」[69]。

另外，學者經常以行政司法不分來指責「傳統」的中國，地方父母官平日確實有不少行政庶務——像是防洪清淤、造橋鋪路、救濟賑災等等——必須執行，此外，加上命案、盜重案的主動審理，與調解不成之戶、婚、田、土、錢、債等細事之案件，那麼，對於司法程序、推理、與爭執，不是那流熟稔的地方首長要如何進行裁決的工作呢？先前，本文提及唐代初期，政府爲透過考試舉才而設了六個科目，其中，「明法」一科就是要替政府挑出對法律嫻熟的人才，此時，幕友（或稱明法、幕賓、師爺[70]）就成爲地方首長在審理司法案件時最重要的助手。簡言之，幕友是政府機關編制內的官員，唐代中央政府尚書省所轄之刑部，就編制幕友這樣的法律專業人才，來協助首長處理司法案件。以清朝爲例（此時是師爺的全盛時期），地方首長——無論是總督、巡撫，或是知州、知縣——都會聘請幾位師爺，以利推動業務。在全國共一千五百多個州縣之中，幾乎都聘有師爺，多則十餘人，少則二、三人。全國師爺總數近萬人，並且，除了總督、巡撫與知府之外，還有布政司、按察司等其他衙門，那麼，數量將更爲可觀。美國學者費正清（John

K. Fairbank）——頭號中國通——這麼說過，伴隨著省級官員與地方首長職責之加重，師爺的人數跟著增加，於十八世紀末時，全國師爺估計達七千五百人。雖然可靠的統計資料不易獲得，但我們可以假定，隨著人口的成長，在十九世紀師爺人數仍舊持續增加[71]。簡言之，幕友（師爺）一職爲官派，經科舉制度選任，其薪資、職權、任免，與晉升等，由法律加以規範。

書面主義與訟師

我們知道，在「傳統」中國書面主義（形式理性的法律之首要條件）的興起，提供訟師——通常是科舉落第者得以爲之——工作機會，並且既然論及幕友，我們也就不能不提頌師在傳統中國法律體系的重要性。

在深受儒家思想影響之下——特別是統治下的理想境界是「無訟」社會——訟師經常被冠以「訟棍」這個負面詞語，暗指這些人無事生非、顛倒黑白，或者挑撥離間。然而，事實上，在司法案件審理過程中，幕友與訟師間的言詞互動與交詰對抗，可以被視爲一條提升專業能力的路徑[72]。類似於幕友的研究，其相關資料奇缺，訟師亦是如此，史料記載甚少，原因或許不同，但少數訟師祕本均藏在國外圖書館（相信這些祕本應該不會自己跑到國外去），不過，我們應仍可略窺一二，就現有的資料做合理的推論，或許未必嚴謹，但稱訟師爲中國古代之「律師」應有助於理解此一行業。在古代中國，訟師是專門寫訴狀打官司之人，其起源應早於唐代，可能是周朝或更早，因爲周朝時，國家已經界定紛爭的類別了。與律師主要的區別之一在於，其業務主要是在民事爭端，而非刑事，這是因爲「傳統」中國法律體系不分民刑，而分重（案）細（事），前者專指命、盜，後者則爲戶、婚、田、土、錢、債。《唐律》對訟師這一行業做以下規定：「諸爲人作辭牒（寫訴狀）者，加增其狀，不如所告者，笞五十。」[73]這是說，如果訟師在履行其主要職能——寫訴狀和打官司——之時，不實事求是，反誇大其詞者，應受懲處。不過，我們或許還得注意到，除了上述的主要職能以外，事實上，訟師也在訴訟之前，擔任法律顧問的角色[74]。

「傳統」中國法律體系，在起訴的過程早已採用書面主義。韋伯告訴我們，中國自秦朝以來，法律即停止演進，然而，事實並非如此，根據《秦簡．法律答問》的記載，起訴須「辭者辭廷」，意思是訴訟者務須親自謁郡守或者縣廷去提起，不過，當時應該是採取「口訴優先」的口頭主義[75]。到了唐朝前後，訴訟開始進入書面主義階段，此時，應該可將之視爲法律的形式主義的開始。按唐律規定，當事人或其法定代理人代爲提起訴訟時，應向官府提交「辭牒」，政府對此亦有規定：「諸告人罪，皆須註明年月，指陳事實，不得稱疑。違者，笞五十。」另外，據《唐律疏議》的解釋，「課牒未入司，即得此罪」[76]，這是說，訴狀一旦寫成而違犯以上錯誤，就應該受到處罰，可見書面主義在唐朝起訴過程已經扮演相當重要的角色。那麼，如果我們說，「停滯的」秦朝法律，到了唐朝已能從原來的「口頭主義」，演進到唐朝的「書面主義」，這應該頗具說服力。關於這種看法，不知韋伯做何感想？不過，唐朝之後，書面主義的執行看起來似乎更嚴格，例如，宋朝規定「官人、進士、僧道、公人告狀應該本人親自書寫狀紙」，其他民戶則按規定必須到「書鋪（古代之『律師』事務所）去找人代寫訴狀」，另外，訴狀還須符合若干規定，例如「言詞不得超過二百字數，必須依照統一格式，狀詞必須簡要，不得帶論二事，必須蓋書鋪印等等」[77]。違反下述規定的情形概不受理，像是「不經書鋪不受，狀無保識不受，狀過二百字不受，一狀訴兩事不受，事不干己不受……」[78]。

之後，元代更強調訴狀的重要性。按法律規定，訴狀是起訴的首要條件，官方擬出整齊劃一之訴狀格式，凡起訴均須依照格式書寫，另外，爲求對訴狀的書面資料進行有效控制，元代亦嚴格規定書狀人的法律責任。到明、清時期，官方可說更加提倡書面形式的起訴，此時，各縣的狀紙均事先印好，且有其既定格式，並申明官府拒絕受理的各種條件，例如，全國各地在受理鬪毆案件時，開明傷痕作爲證明成爲受理的必要條件，竊盜案則必須開立失單等等。自唐代以來，起訴的書面主義——此爲法律形式主義的重要部分——在之後各朝代均將此視爲訴訟的重要條件，對於一般的代書來說已屬不易，更何況是普通老百姓，簡直難如登天，但這還不是徹底執行書面主義最困難的事。最爲困難者，該如何在案件堆積如山的狀況下，吸引審判官的注意，進而使其認爲所寫之訴狀爲重要者，此時，訟師的價值就明顯呈現出來了[79]。

總而言之，書面主義創造了訟師的價值，但訟師不也讓書面主義成爲可能？的確如此。也許還有很多細節值得一提，但此時，也許應該是做結論的時候了。

本章結語

大師韋伯對於法律的類型極感興趣，相信其支持者也是如此，特別是形式理性的法律，可能在韋伯很年輕時，法律類型已經吸引他的注意力，不過，這樣的法律也是「英國問題」的緣由吧！

韋伯失望於形式理性的法律受到再實質化過程的侵蝕，這過程的確讓他擔憂些許時日，不過，幸好秉持他對於密不通風、毫無空隙的形式合理的法律之堅定信仰，即使形式理性的法律仍會受到再實質化的干擾，但對他而言，這似乎瑕不掩瑜，無傷大雅了。

不少學者以爲，韋伯留下了懸而未決的「英國問題」，一代宗師就離開我們而去，這多少令人感到惋惜。然而，本文認爲，大師的確注意到該問題，畢竟，他居住的地方離英格蘭不算太遠，不太可能沒有察覺到英國的法律體系與形式理性的法律看來並不怎麼相似。事實上，韋伯不僅留意到這個問題，而且，也嘗試回答，其答案也具一點說服力，像是英國的律師受到最嚴謹的訓練與栽培，使其成爲專業的人才，而這也是法理型權威下之科層官僚體制所必須者。英國法律所提供的高度可預測性是無庸置疑的，這點也正是資本主義產生的必要條件。只是，倘若如此，那麼，又該如何解釋新教倫理與資本主義的親合關係呢？難道此時，宗教改革、喀爾文教派的預選說等因素，變得不重要了？難道英國國教倫理也與資本主義有高度親合關係嗎？當然，這時該是做出結論的時候，無法再行深入討論這些議題，還請看倌見諒。

或許，韋伯爲我們所留下的——不爲大師所見、所知，亦無能解決的——問題並非「英國問題」，而是「中國問題」。因爲倘若英國的律師因爲嚴格的訓練、因爲法理型支配正當性下的科層制，進而爲資本主義的興起提供了可預測性；那麼，同樣的情形也發生在「傳統」中國，在那兒發生的可預測性，不也能夠爲資本主義的興起提供沃土嗎？答案似乎是肯定的。那麼，爲何韋伯認爲形式理性的法律是發展的最高階段呢？原因是韋伯過度執著於理念型，同時，他又必須爲歐洲在十九世紀的富強找到答案。然而他的答案與許多學者並無太大不同，極其相似，但韋伯論點的傑出之處在於，他結合了理性化、形式法律，與「現代」科層制。換句話說，他將宗教社會學、法律社會學，與政治社會學三者融合爲一，並期待能解釋何以西方能夠興起——答案就是資本主義，而且這是其他地方所無。

理念型是極佳的概念工具，讓社會科學的研究者有更好的分析方法來瞭解這個世界。本文猜想，可能有其他原因吧?!無論是歷史主義也好，演化主義也好，或是其他……讓韋伯（必須）忽略某些不怎麼符合他使用理念型所形塑的分析框架下，所觀察到的歷史「事實」。

但理念型還是魅惑了韋伯……

◆註　解◆

【1】洪鎌德，《法律社會學》，二版，（台北：揚智出版社，二〇〇四），第二〇三頁。自此之後，「英國的問題」簡稱為「英國問題」。

【2】洪鎌德，《法律社會學》。

【3】林端，《韋伯論中國傳法律社會學：韋伯比較社會學的批判》，二版，（台北：三民書局，二〇〇四）。

【4】David M. Trubek, "Max Weber on Law and the Rise of Capitalism," *Wisconsin Law Review*, No. 3, (1972), pp. 720-753.

【5】Sally Ewing, "Formal Justice and The Spirit of Capitalism: Max Weber's Sociology of Law," *Law and Society Review*, Vol. 21, No. 3, (1987), pp. 487-512，我們稍後會詳細討論。

【6】本文認為有必要對加上引號的「傳統」中國一詞做些解釋。或許為與「現代」西方加以比較，學界經常使用「傳統」中國來稱呼清末以前的中國，或者具體而言，一八四〇年代鴉片戰爭之前的中國。筆者不贊成此種帶有歐洲中心主義（或白人優越感）的區分方式，故為傳統二字加上引號，事實上，所謂的「傳統」中國在一八四〇年代之前，是相當現代的，甚至是比歐洲（或英格蘭，具體地說）更為現代。

【7】韋伯對中國傳統法律之誤解，筆者已在先前所著《社會學囧很大[1.0]》一書中詳細論證，是故，在此，直接進入韋伯法律的分類這個議題。關於傳統中國義務觀的法律體系如何不同於西方權利觀法律體系之論述。請參照，謝宏仁，第二章〈還原真相：西方知識體系建構下曲解的中國傳統法律〉，《社會學囧很大[1.0]》，（台北：五南圖書公司，二〇一五），頁五九～一〇一。

【8】David M. Trubek, "Max Weber on Law and the Rise of Capitalism," in Peter Hamilton (ed.), *Max Weber:Critical Assessment 1, Vol. III* (London and New York: Routledge, 1991 [1972]), op. cit., pp. 126-155, p. 133, 引自洪鎌德，《法律社會學》，第一八六頁。

【9】Trubek, "Max Weber on Law and the Rise of Capitalism," 引自洪鎌德，《法律社會學》，頁一八六、一八七。

【10】黃維幸，《法律與社會理論的批判》，二版，（台北：新學林，二〇〇七），第一六八頁。

[11] 洪鎌德，《法律社會學》，頁一八七。關於實質理性的法律，黃維幸只提到「所謂的實質的合理性，是法律原則本身充滿了道德、倫理、政治、效用等等因素」。筆者認為，這種說法過於簡單，讓人看不出韋伯十分在意的可預測性。或許在韋伯的心中，除了形式合理的法律之外，其他的法律類型都難以提供相當程度的可預測性，包括韋伯認為已經達到實質理性的中國傳統法律體系，都不易預測了，更遑論提供資本主義成長的溫室。簡言之，黃維幸對實質理性法律的描述仍嫌不足。請參照，黃維幸，《法律與社會理論的批判》，第一六八頁。

[12] 洪鎌德，《法律社會學》，第一八七頁。

[13] 在稍後的「書面主義與訟師」一節中，我們將會分析之。

[14] 黃維幸，《法律與社會理論的批判》，第一六八頁。

[15] 本書在稍後的章節中，將更詳盡地討論達爾文演化主義對十九世紀社會科學研究取向之廣泛影響。

[16] Max Weber, *Law in Economy and Society*, Max Rheinstein (ed.), (Cambridge, MA.: Harvard University Press, 1954), p. 303，引自洪鎌德，《法律社會學》，第一八九頁。

[17] 洪鎌德，《法律社會學》，第一八九頁。

[18] 謝宏仁，第一章，〈儒教倫理與資本主義精神〉，《社會學囧很大1.0》，頁一七～五八。

[19] Paul Walton, "Max Weber's Sociology of Law: A Critique," in Peter Hamilton (ed.), *Max Weber: Critical Assessment 1, Vol. III* (London and New York: Routledge, 1991 [1972]), pp. 287-299, 288.

[20] 筆者相信，韋伯不太可能認為資本主義發生在十八世紀晚期英國工業革命時，若果如此，其大作《新教倫理與資本主義精神》一書就完全失去意義。

[21] 我們將在本書第四章繼續探討這個問題。

[22] 謝宏仁，第一章，〈美洲白銀的奇幻漂流〉，《顛覆你的歷史觀：連歷史老師也不知道的史實》，（台北：五南圖書，二〇一七），頁三九～九五。

[23] 那時，想偷走技術者是西方「列強」，而不是中國人，這與今日的狀況略有差異。

[24] Martin Albrow, "Legal Positivism and Bourgeois Materialism: Max Weber's View of the Sociology of Law," *British Journal of Law and Society*, Vol. 2, No. 1 (Summer, 1975), pp. 14-31; Trubek, "Max Weber's Tragic Modernism

and The Study of Law in Society"; Fritz Ringer，簡惠美譯，《韋伯學思路：學術作為一種志業》[*Max Weber: An Intellectual Biography*]，（台北：群學出版社，二〇一三）；高承恕，《理性化與資本主義：韋伯與韋伯之外》，（台北：聯經出版社，一九八八）。

[25] 在稍後的章節中，我們會更詳細討論歷史主義這個議題。

[26] Walton, "Max Weber's Sociology of Law: A Critique," p. 288. 事實上，韋伯所堅信的西方「獨特性」可能沒有那樣地獨特吧？！在先前的著作中，筆者嘗試比較新教倫理與儒教倫理，發現兩者有不少的相似性，雖然相似性未必一定是多於西方的「獨特性」。請參照，謝宏仁，第一章〈儒教倫理與資本主義精神〉《社會學囧很大[1.0]》。

[27] Fritz Ringer，《韋伯學思路》，頁二〇一～二〇三、二〇六、二〇九。

[28] 洪鎌德，《法律社會學》，第二〇三頁。

[29] 對此，筆者謝某持相反看法，西方世界的興起不在於其「良善」制度，其（大）部分原因可能是在相對進步的軍火工業。另外，也因為韋伯重視法律制度這個事實——具體而言，西方卓越的法律制度，保證了可計算性與可預測性——才成為現代資本主義的起源地，筆者則對此持保留態度。請參照，謝宏仁，第五章〈韋伯在海德堡：十九世紀「新制度主義」的先驅〉，《發展研究之風雲再起—中國一帶一路對中方及其知識體系的挑戰》，（台北：五南圖書，二〇一八），頁一七三～二〇九。

[30] World Bank Group, *World Development Report: Governance and The Law*, (Washington D.C.: The World Bank, 2017).

[31] 宮崎市定，《東洋的近世：中國的文藝復興》，（北京：中信出版社，二〇一八），頁五七、五八。

[32] 前揭書，第五九頁。唐代晚期，皇帝的獨裁傾向日重，表現為中書省的強化與門下省的弱化，門下省為天子代辦機關中書省所吸收，封駁權不再被行使，形同虛設。

[33] 謝宏仁，《社會學囧很大[1.0]》。

[34] 這也難怪有學者將韋伯視為十九世紀新制度主義的先驅。在當時，能夠看出制度對經濟活動的影響，實屬不易。請參照，謝宏仁，〈韋伯在海德堡：十九世紀「新制度主義」的先驅〉一文。新制度主義的觀點亦被用來解釋十八世紀清朝中國因為財產「權」而導致的暴力糾紛，學者Thomas M. Buoye（步德茂）似乎在責怪清

政府——不像歐洲政府——願意支持制度創新，使得在他設定的研究期間，因為小規模的產權糾紛的暴力案件相當多，請參照，Buoye，《過失殺人、市場與道德經濟——十八世紀中國財產權的暴力糾紛》，（北京：社會科學文獻出版社，二〇〇八）。不過，對於Buoye的說法，筆者有些不同的意見，首先，十八世紀的人口爆炸，無可避免使得人地比相對提高，人民生活相對困難，這應該會使得「產權」糾紛所引起的暴力糾紛增加才是，而不應該單純是制度創新與否的問題。第二，Buoye所研究的廣東、四川，與山東省的案件，主要著眼於命案，也就是所謂的官府必須主動調查的「重案」；然而，傳統中國對於「細事」，包括土地、水源等問題，主要透過調解來處理，所以，當Buoye宣稱十八世紀因為財產「權」糾紛而導致暴力案件增加的同時，筆者認為有一種可能性是：民間可能已經解決更多的糾紛，這是在該書中無法顯現的。

【35】Ewing, "Formal Justice and The Spirit of Capitalism," p. 487. 這裡，我們看到對於「英國問題」的英文名稱是England problem，與先前English problem略有差異，但應該無妨才是。

【36】先前，我們曾經提過黃維幸，《法律與社會理論的批判》對此問題的說明，但在此或許可以稍加補充他的解釋。

【37】Weber, *Law in Economy and Society*, Max Rheinstein (ed.) (Cambridge, MA: Harvard University Press, 1954)，引自洪鎌德，《法律社會學》，第一八八頁。

【38】洪鎌德，《法律社會學》；林端，《韋伯論中國傳統法律社會學》。

【39】引自，謝宏仁，《社會學囧很大1.0》，頁六二、九六，註四。

【40】本書稍後的章節中，將進一步討論理念型與「歷史事實」之間的對話、兩者之間可能的內在矛盾，與其他可能衍生的問題。

【41】如此一來，又產生另個問題，在十六世紀宗教改革之後，若是信仰英國國教的英格蘭同樣能產生資本主義的話，那麼，我們又該如何詮釋韋伯堅持的新教倫理與資本主義間的親密關係呢？

【42】Weber, *Economy and Society*, Vol. 1 (Berkeley: University of California Press, 1978), p. 312, cited in Ewing, "Formal Justice and The Spirit of Capitalism, p. 498.

【43】*Ibid.*, p. 313, cited in Ewing, "Formal Justice and The Spirit of Capitalism, p. 498.

【44】Weber, *Economy and Society*, Vol. 2 (Berkeley: University of California Press, 1978), p. 669, cited in Ewing,

"Formal Justice and The Spirit of Capitalism, p. 498.

[45] Ewing, "Formal Justice and The Spirit of Capitalism, p. 498.

[46] 本書在第二章會討論更多關於價值中立與客觀性等問題。

[47] 關於法律與社會的同時變遷（進化）。請參照，洪鎌德，第四章〈涂爾幹論社會與法律的同時進化〉，《法律社會學》，頁一四五～一七二。

[48] Albrow, "Legal Positivism and Bourgeois Materialism," p. 30.

[49] 郭東旭，《宋代法律與社會》，引自謝宏仁《社會學囧很大[1.0]》，頁七六、七七。

[50] 不過，屠氏的關懷是在「反思法（reflecivesRecht; reflexive law）」之上，他認為法律已經演化到反思的階段了。所謂的反思法是說「法律變成了行動協調體系」，就是「協調社會次級體所產生的行動」，屠氏認為此尚未成形，但他已經看到了某些徵兆。請參照，洪鎌德，第十章，〈屠布涅論法律的演展、反思法與自生法〉，《法律社會學》，頁三九一～四四六、三九二、三九四。

[51] 事實上，Ewing在文章中也論及哈伯瑪斯（Jürgen Habermas）對韋伯法律社會學的看法，特別是哈伯瑪斯認為韋伯忽略了「現代」法律規範的（normative）面向，請參照，Ewing, "Formal Justice and The Spirit of Capitalism"。本文在此擬不討論此論點。

[52] Max Weber, *Economy and Society*, Vol. 2 (Berkeley: University of California Press, 1978), p. 886, cited in Sally Ewing, "Formal Justice and The Spirit of Capitalism, p. 508.

[53] Max Weber, *Economy and Society*, Vol. 2 (Berkeley: University of California Press, 1978), p. 887, cited in Sally Ewing, "Formal Justice and The Spirit of Capitalism," p. 508.

[54] Max Weber, *Economy and Society*, Vol. 2 (Berkeley: University of California Press, 1978), p. 894, cited in Sally Ewing, "Formal Justice and The Spirit of Capitalism," p. 508.

[55] 事實上，洪鎌德教授在著作中亦論及韋伯的先見之明，也就是形式理性法律的再實質化。但洪鎌德教授更進一步提及韋伯認為再實質化的趨勢乃是「邊緣的」、「無關痛癢的」。請參照，洪鎌德，《法律社會學》，頁三九七。筆者認為，洪教授的說詞是較為可信的。

[56] 王晴佳，《西方的歷史觀念：從古希臘到現在》，（上海：華東師範大學出版社，二〇〇二）。關於歷史主

義，本書在稍後的章節會再行討論。

【57】Timothy Brook（卜正民）、Gregory Blue 主編，《中國與歷史資本主義：漢學知識的系譜學》，（台北：巨流出版社，二〇〇四）。本書極具啓發性，對於非西方——特別是中國——的知識分子長期以來經常戴著西方產製的有色眼鏡來檢視東方、中國，以及其他地區。如果我們想看得更清楚且真確的話，那麼這付眼鏡應該先被拋棄。

【58】牟利成，〈馬克斯・韋伯：世界的祛魅與法律的理性化〉，《社會學視野中的法律：一種學科的融合》，（北京：法律出版社，二〇一三），頁三～五〇，第一一頁。

【59】前揭書，第一三頁。

【60】Trubek, "Max Weber on Law and the Rise of Capitalism," pp. 147, 148.

【61】我們應該很難想像，若是韋伯確切瞭解清朝移植他們自豪的德國民法，會有怎樣的感觸？相信應該是對形式合理的法律更具信心才是。請參照，謝宏仁，〈還原真相〉一文。

【62】前揭書。

【63】Trubek, "Max Weber on Law and the Rise of Capitalism," p. 138.

【64】這是因為韋伯不清楚自己對遙遠的中國瞭解其實不多，因此，他應該不可能為「中國問題」所干擾。倒是筆者受到韋伯的「中國問題」所影響，平日在與友人閒聊時，友人經常會為——非正式地——韋伯辯護、為韋伯脫罪，友人總是說，在韋伯所處那個年代，他不瞭解中國是正常的啊！資料那麼少！但筆者無意傷了和氣，只在心裡嘀咕著，如果沒啥資料，又為何要奢談那麼多中國的事呢？那麼，他的分析不就是建立在諸多猜測上嗎？筆者也猜測，至少有一（大）部分是如此。

【65】郭東旭，《宋代法律與社會》。

【66】宮崎市定，《東洋的近世》。

【67】岑仲勉，《隋唐史》，（上海：高等教育出版社，一九五七），頁一八三、一八四，引自何炳棣，《明清社會史論》，（台北：聯經出版社，二〇一三），頁一四、一五。

【68】唐代中央設三省六部，其中尚書省下轄刑部，但遇到重大案件時，由三司使會審之，三司使包括了大理寺卿、刑部尚書、侍郎，與御史中丞等。而就大理寺的職權而言，唐朝後期是大於前期的，也就是說，後來，

大理寺的功能漸減。

【69】胡興東，《中國古代判例法運作機制研究—以元朝和清朝為比較的考察》，（北京：北京大學出版社，二〇一〇），頁三五四、三五五。

【70】這類法律專才，在不同的朝代，使用不同的稱呼，例如，唐代刑部稱之為「幕友」，明、清稱之為「師爺」。

【71】John K. Fairbank（費正清），《劍橋中國晚清史（全二冊）》，（北京：中國社會科學出版社，二〇〇六）。

【72】郭星華，〈無訟、厭訟與抑訟—中國傳統訴訟文化探析〉，本論文發表於第四屆人大—輔大社會科學院教師交流，時間：二〇一三年十月一～二日，地點：輔仁大學濟時樓九樓國際會議廳。

【73】黨江舟，《中國訟師文化——古代律師現象解讀》，（北京：北京大學出版社，二〇〇五），第五頁。

【74】夫馬進，〈訟師秘本《珥筆肯綮》所見的訟師實象〉：邱澎生、陳熙遠，《明清法律運作中的權力與文化》，（台北：中央研究院、聯經出版社，二〇〇九），頁九～三三。

【75】引自黨江舟，《中國訟師文化》，第一八四頁。

【76】《唐律疏議．鬪訟》，「告人罪須明註年月」，引自黨江舟，《中國訟師文化》，第一八四頁。

【77】《明公書判清明集》，附錄六，朱文公文集，約束榜，引自黨江舟，《中國訟師文化》，第一八四頁。

【78】《明公書判清明集》，附錄五，黃氏日抄，詞訴約束，引自黨江舟，《中國訟師文化》，第一八四頁。

【79】黨江舟，《中國訟師文化》，頁一八四、一八五。

第二章　隱身在歷史研究的「價值中立」

約莫在一九九〇年代，全球化一詞開始被賦予正面的意義，於是當人們一聽到它，腦海裡自動浮現一幅美麗的畫面，幸運地看見自己身處其中。但說實在，這過程還挺累人，特別對於那些被看爲未來前途無量的年輕人，他們非得學會某種語言，才能理解他人或被他人理解。那麼，倘使今日通行的國際語言是德文而非英文，相信受益於大師韋伯的研究者就應該就更難以計數，只可惜，事與願違。所幸，留德的學者爲我們翻譯了不少韋伯的著作，讓我們在全球化的過程中，或多或少還有一點參與感。

這或許是受惠於全球化吧！筆者謝某至今完全不懂德文，但很幸運的，謝某不僅沒成爲全球化的「不滿者」，而且，還有幸成爲全球化「受益者」，能找到一份工作，這可能與在一九九〇年代中期選擇在英語區留學有關。只不過，這也導致對於英語以外的語言一無所知——而這只是個人必須負擔的機會成本（之一）——就像顧忠華教授所言，*Wertfreiheit*（the exclusion of value judgements or value-freedom）這個字向來被誤譯爲「價值中立」[1]，使研究者能夠在研究過程裡中道而行，不帶任何價值判斷。顧忠華將這個字的正確翻譯指出，乃是「價值自由」或「免於判斷的自由」（the exclusion of value judgements or value-freedom），那麼，研究者就能更正確地，或更貼近於理解韋伯的原意。當然，多虧了留德的學者願意無私地貢獻所學，才能讓德語世界的知識被無遠弗屆地傳播。關於價值自由，本文稍後會詳細討論。但暫且讓我們先回到「價值中立」一詞，雖然這個詞的概念在顧忠華的想法裡一直是個錯譯（但實際上，韋伯其實很看重「價值中立」（*Wertneutral*, value-neutral）一詞）。然而，顧氏自己卻用「價值中立」來讚美韋伯，這令人匪夷所思，我們稍後還會看到相關的分析。

在先前第一章裡，我們得到的結論是，韋伯老早便看出「英國問題」的存在，而且，還嘗試加以解決。不僅如此，在一個世紀以前，他已經留意到法律的「最高階段」，也就是形式理性的法律，將受到某些「雜質」的侵擾。在當時，他能夠見到自己所最不樂見者，實屬不易。在本章中，我們也將看到，早在一個世紀以前，韋伯就已得知「價值中立」——此與顧忠華的「價值自由」有異——這個重要價值在社會科學領域裡，根本無法達成。然而，即使韋伯早已看出形式理性法律的再實質化是不可避免，且必然會在抽象邏輯的形式理性中摻入「雜質」，他仍舊堅持其最愛的「形式理性的法律」。在本章中，我們也將看到，就算是韋伯知道「價值中立」之不可能性，但他依然著迷於「價值中立」可能帶給社會科學的「客觀性」，筆者認爲這是韋伯學說的矛盾之處，也正是其執著之處，或者這應該也是學者鍾情於討論其著作的主要原因（之一）吧！當然，韋伯最大的問題在於：身爲東、西方歷史比較的大師，卻對東方所知甚少，（部分）原因依然（可能）是韋伯本人爲理念型所魅惑，正如在第一章所證明的那般。

眾所周知，本書的主角，也是古典社會學大師級人物韋伯，他同時在歷史研究領域中爲後世留下了重要資產，雖然，全球社會學界眞心在意「歷史」的研究者應該不是太多。或許可以這麼說，在前章已經討論的「理念型」是韋伯留給我們最重要的——執簡馭繁——概念工具。簡言之，它讓研究者更有自信來面對紛亂龐雜、甚至混沌不明的世界。當然，韋伯還爲人們留下更多社會（科）學方法學上的概念，像是「價值中立」（或稱「價值無涉」）、「價值自由」（*Wertfreiheit*, value-freedom），「客觀性」（objectivity）等等。

在說明「韋伯復興」的時代意義時，顧忠華首先試著說明在他所討論的內容底下，「幾乎一致肯定韋伯的學說與思想並未因時代變遷而有所褪色」，正好相反，在其專著完成時的二〇一三年，顧氏發現了韋伯在一百（多）前年相當在意的問題，居然仍存在相當大的「現實性」（actuality），吸引學者們持續不斷地「詮釋、再詮釋」其著作，當然，這也是顧氏撰寫其專書《韋伯學說當代**新詮**（粗體爲筆者所加）》的理由。這裡，我們先暫時相信顧氏——同時也相信韋伯——的說詞，暫且先回到「價值中立」這個概念討論。

爲了證明「韋伯復興」，顧氏提出五點理由，其中第三點非常值得我們仔細端詳，故全段加以引用。他如此談道：

> 韋伯面對高度複雜的歷史因果解釋與社會行動之意義的理解問題時，從未採取逃避或化約的作法。透過「理念型」的執簡馭繁功能，韋伯冷靜而實際地分析社會生活後存在的影響勢力和其運作律則；他秉持**「價值中立」**（引號爲原文所有，粗體爲筆者所加）的自覺意識，遊刃於人類具體經驗的浩瀚資料中，進行無與倫比的「思想實驗」。爲了層層剝開社會的實相，他更從事吃力繁重的概念定義工作，這些經由不斷錘鍊方始完成的思想結晶，象徵著社會學透過了成熟度的考驗，能夠作爲一門獨立的學科，承擔他知識啓蒙的任務……韋伯豐富的精神遺產……持續地發揮其導航作用[2]。

從以上論述，我們從顧氏在二〇一三年所撰《韋伯學說當代新詮》一書中的某幾個詞——像是「浩瀚資料」（或許是當時的「大數據」）、「無與倫比」，「吃力繁重」，「不斷錘鍊」，「精神遺產」，與「導航作用」等——來看，大略可以知道，顧氏應該是韋伯的熱情——也許稍嫌「狂熱」[3]——支持者[4]。在此，我們來看「價值中立」這一概念。首先，顧忠華告訴我們「價值中立」是個錯誤的翻譯；其次，這個錯誤讓人誤以爲研究者可以做到不帶任何偏見，不帶價值判斷的研究；第三，顧氏卻選擇使用這個錯誤的翻譯，來讚美「韋伯復興」這件事，那麼，我們應該如何理解顧氏對韋伯是如此的恭維呢？也許稍後讀者就能看出答案。

韋伯不可能不知道*Wertfreiheit*這個德文的意思，它是免於判斷的自由，或者，就是價值自由。相信韋伯應該不會太喜歡後世將之譯為「價值中立」才對，因為它另有其他含義。此外，韋伯應該明確知道要做到「價值中立」是不可能的。這點我們稍後會證明，但就如顧忠華所言，韋伯保守自己，恪遵「價值中立」這樣的意識來進行其博大精深之研究，這其中的矛盾，筆者認為最可能的原因是：顧忠華本人過度推崇他心目中的大師韋伯，以致誤植一個連韋伯都知道難以達成的「價值中立」，來讚美韋伯本人不只是學識淵博，而且從來不將自己內心所持之價值放入其研究當中。讀者若回想一下顧氏對韋伯所使用的讚詞，應該也會想像自己有朝一日能成為那樣的被讚美者吧！

以下的分析共分為五個部分，而且，這幾個部份幾乎或多或少都與「客觀性」有關。首先，如同先前章節指出，大師韋伯明確知道所謂的「英國問題」的確存在於其法律社會學中，本章亦將指出他深刻地明白要達成「價值中立」可說難如登天，但這仍是他終身所致力追求者；其次，討論對社會（科）學影響巨大的實證主義，以及實證主義與客觀性之間的關係；第三，證明韋伯所謂的「客觀性」，充其量而言只存在於（研究過程的）頭尾之間；第四，論述韋伯學說中的價值議題，包括「價值中立」、價值自由、價值判斷，與價值關聯等概念；第五，檢視歷史研究中的「價值中立」與「客觀性」。最後，總結本章發現。

現在，本文首先證明，韋伯其實相當清楚，對成千上萬的研究者而言，「價值中立」幾乎可以說是一個不可能的任務。

「價值中立」之不可能性

與第一章的情形類似，韋伯明確知道英國法律體系難以納入其形式合理法律的這個類型裡。這裡，本文所欲證明的是，韋伯同時也知道，「價值中立」是不可能達成的，但爲何張旺山引用了韋伯的夫人（Marianne Weber）在《韋伯傳》中開闢了一個專節討論韋伯對「價值中立」的態度，與韋伯的「精神人格的重心」（*Mittelpunkt seiner geistignenPersonlichkeit*）的形成，二者可說是相輔相成。[5]如此可見「價值中立」一詞在韋伯心目中的重要性是無庸置疑的，可惜的是顧忠華將錯誤的「價值中立」改爲價值自由之後，對「正確的」價值中立之興趣，似乎就不若價值自由那般強烈。

然而，就如Michela Betta與Richard Swedberg所言，價值自由並非在研究的分析上得以避開價値問題，正好相反，爲了進行科學研究，研究者不僅必須找到〔某種、某些〕價値，而且還得瞭解特定的價値。[6]我們再緊接著從Piers Beirne對此議題所說的幾段話中，也能清楚看到韋伯早已瞭解「價値中立」的不可能性，Beirne說道：

> 韋伯確信一位觀察者不可能瞭解完整的知識，因爲**此觀察者的價値系統**〔粗體爲筆者所加〕會將他引導至〔某個〕研究方向，價値因此而進入了研究方法與研究對象。〔因此〕在〈社會科學的客觀性與社會政策〔"*Objectivity in Social Science and Social Polity*"，斜體爲原文所有〕〉一文中，韋伯宣稱：「獨立於文化或社會現象的科學分析而〔形成了〕特別的或偏向一方的觀點，並無絕對的『客觀』，〔因爲〕這觀點是〔研究者〕爲了其解釋之目的——無論是明白地或暗示地——而選擇的、分析的，以及組織起來的。科學本身是由歷史文化所決定，而且必定包括了前科學過程（pre-scientific）的選擇。一位觀察者必定對於自己的價値相當坦白才是，而且，應該儘可能地使其價値遠離其研究對象。觀察者愈能夠〔清楚地〕區分其研究中評價的與分析—邏輯的部分，他的觀察就會更「客觀」。[7]

針對上述的段落中，筆者相信在韋伯的想法中有幾點値得再加說明。首先，韋伯深切瞭解研究者所形成「觀點」與其價值判斷有關，所以，並無絕對客觀性可言。其次，研究者一定從某（幾）個觀點切入其研究議題，因此，研究者僅可能擁有部分的，而非全盤的知識。第三，即使經過相當客觀的科學過程而得到的知識，在此過程之前——像是選題、觀點（此即價值判斷）、方法（或許再加上研究初期所預設的結論）——的「前科學」過程裡，研究者終究無法避免選擇。也因此，「價值中立」應該侷限在所謂的「科學」過程裡，但難道沒有「前科學」過程，研究者能夠獲得其「客觀性」「科學」知識嗎？當然不可能，在此，韋伯的「價值中立」之不可能性已展露無遺。最後，對於前述段落，本文對Beirne的說法仍有個疑問，那就是：研究者如何確定已經區隔了「評價」與「分析—邏輯」這兩個部分呢？

在此，我們以韋伯《新教倫理與資本主義精神》[8]一書當作例子來談談所謂的「評價的」與「分析—邏輯的」這兩個部分。這二者的區分，不必然使得研究更爲「客觀」，爲什麼？假若我們再以新教倫理的四個特質—「視勞動爲義務」、「責任感」、「理性化」，與「專業化」，都和資本主義高度相關，韋伯的分析看似很有道理，且相當吸引人。換句話說，在分析「新教倫理」與「資本主義精神」時，韋伯在邏輯上的推理確實達到「客觀」的標準。但問題可能出在，在評價新教倫理時，如何確定研究者——也就是韋伯自己——沒有偏見呢？可以想像，持歐洲中心主義論者，在貶低非歐洲地區的同時，也會相信自己是「客觀」的，難道這樣的「客觀」是「不證自明」的嗎？另外，假使在評價的過程中，已經出現偏見，例如，在尚未眞正研究傳統中國法律的韋伯，在一開始即宣稱其停滯的狀態，如此才能符合其「傳統主義」之理念型，那麼，即使其「分析—邏輯」的部分相當「客觀」，他又該如何解決在「評價」時所產生的錯誤呢？筆者相信，這也是相當困難的。

的確，韋伯思想博大精深，也包括其「價值」理論，參與討論者不計其數。並且事實上，結構功能論大師帕森思（Talcott Parsons）試圖告訴我們，韋伯「價值中立」與「客觀性」二者有關。簡言之，「價値中立」與韋伯的「學術作爲一種志業」連結在一起，其目的正是在追求一種「客觀性」，帕森思說：

這並非提倡社會科學家必須要避開所有價值批評——例如，韋伯在〈學術作爲一種志業〉的演講詞中，其立場已經很清楚的表達了。重點在於科學家的角色（斜體爲原文所有），特別是身爲研究者（或調查者）時，一方面，概念清晰度、一致性，與概括性，另一方面，經驗的準確性與可檢驗性，這些都是研究過程中（科學家）價值的產出。[9]

也就是說，在研究的過程中，研究者的價值已經摻入其中的某（幾）個部分，其實，

「客觀性」這個性質能否留存，頗令人懷疑。帕森思繼續討論有關價值的問題，具體而言，他對韋伯的「價值中立」、價值自由也頗感興味，而這與「客觀性」有所關聯。當他在討論「價值關聯」*Wertbeziehung*與「價值自由」*Wertfreiheit*之區分時，就曾這麼說：

> 從某個面向看來，價值關聯這個信條是價值自由的反面，向來我將後者理解爲在強調科學家角色的獨立性，而前者或可理解爲強調其相互依賴性（所有斜體均爲原文所有）。畢竟，這看起來將我們引導去反對某種天真的實驗主義，這種主義視科學知識只是現實世界的簡單「反射」而已。[10]

本文認爲，帕森思的看法具獨具一格，他將價值關聯看起是價值自由的對立面，並且前者所強調的是研究人員之間的相互依賴性，因爲身處同一個價值系統；後者則指出個人的獨立性，儘可能排除其他價值體系對其科學研究的影響。執是之故，帕森思對這兩個概念的詮釋極具創意，但在價值自由上，似乎暗示著學術自由應該得到保障，這點與韋伯相似。

最後，我們再看Martyn Hammersley的論點，價值自由在根據事實（所產生）的結論（factual conclusions）在「社會學的發現」（sociological findings）之中乃是必要，而價值關聯更是座落在價值所形成的架構之中，研究對象則在這個框架中產生。對於所謂根據「事實」，本書稍後會再詳談，但可以確定的是：社會科學裡，價值關聯無可避免。[11]

綜合前述，韋伯早已知道「價值中立」的不可能性，這件事應該很清楚證明了才是，所謂「客觀的」社會（科）學研究其實很難做到。接著，本文進入下個議題，也就是：實證主義與「客觀性」，討論這個議題的主要理由（之一）是，實證主義影響了歷史（社會）學，而韋伯正是歷史比較研究之領航者。

實證主義與「客觀性」

在前一節中，我們在討論「價值中立」時，發現這概念與「客觀性」有密切連結。在這一節，我們也將看到爲實證主義與「客觀性」的關係。可以這麼說，是自然科學對社會科學——包括歷史學——的「啓發」吧！

簡單說，實證主義（positivism）爲歷史（社會）學[12]留下了「客觀性」（objectivity）。雖然，筆者對此其實是抱持著懷疑的態度。也就是說，這款的「客觀性」讓人不敢輕易相信。不過，本文還得花點篇幅，略談實證主義與「客觀性」之間的關係，這也與十九世紀出現的新學科「社會學」的起源有關，當然，倘若沒有這個學科的話，在古典社會學中應該不會出現像韋伯這樣的巨星了。

如果拿馬克思（Karl Marx）等人所主張的「歷史唯物論」來加以比較的話，在十九世紀時，「實證主義」倒是影響實際的史學工作。誠如專研歷史與哲學的Robin G. Collingwood（柯靈烏，一八八九～一九四三）所言，就如中古時期哲學可視爲「爲神學服務的哲學」那樣，實證主義則可說是「爲自然科學服務的哲學」。不過，Collingwood覺得實證主義者對自然的看法頗爲膚淺，因爲實證主義支持者認爲自然科學包括了兩件：確認事實與建立通則。前者藉由「感官知覺當下確認」的，後者則由「歸納事實得到的」[13]。簡言之，這種被實證主義影響的史學，稱之爲實證史學。

有別以往耕讀古籍而遽下結論，實證史學的學者們對證據則進行嚴格且精確的考證，此時，各種透過整理與分析的史料——像是「檔案記錄」、「碑銘會編」、「新版史書」等（或許再加上「新考古方法」的出現）——豐富了歷史的內容。[15]當然，歷史學家對「事實」[16]的確認可說是樂此不疲。不過，這只是實證主義科學的第一階段。那麼，持續不斷地鑽研細節看似永無終止，他們問道：何時才能進入第二階段，也就是建立通則呢？這的確讓人感到惶恐不安，一直在「事實」裡打轉眞的就是科學嗎？外行者對於一件又一件的「事實」被揭露頗感難耐，因爲看不出究竟有何重要性，更重要的是，歷史學家與知識分子間的溝渠日益加深，實證主義者認爲「一直在事實裡打轉的史學是不科學的」；一般人則抱怨歷史學家所試圖「揭露」（bring to light）者既乏味又枯燥。但事實上，姑且不論外行人的想法，知識分子與歷史學家兩者同時指向一個問題，先是確認「事實」是不夠的，他們還得爲「事實」進一步處理才行。

號稱「社會學之父」的 Auguste Comte（孔德）[17]就是持上述立場，進而主張歷史「事實」應該要是「某個更重要、更有趣的主題的素材」[18]，而非一群看似無關的史實之組合體。如前所述，實證主義者宣稱：「每一門自然科學都是由確認事實發端，然後進一步去發現事實之間的因果關係」，孔德承接此種看法，並提出他對「社會學」這門新學科的構想，發現「事實」進而找出「事實」之間的因果關係。於是，社會科學研究者同時也是「超級史家」，一開始「以經驗方式思考的事實加以科學的思考」，同時藉此「將史學提升爲一門科學」[19]。可以這麼說，實證主義——暫且不論其缺點——讓歷史學成爲一門科學，而孔德因爲不滿於當時學者只在乎追逐歷史「事實」，才提出「社會學」這門新的學科。可以這麼說，孔德的社會學是爲求比只確認歷史「事實」做得更多。具體而言，是找出歷史「事實」之間的因果關係，這應該是此新學科之存在理由，相信韋伯——東、西方歷史比較研究之巨擘——也能同意這個看法。只是，今日的我們似乎早已忘記，因爲，當代的社會學教育，甚少要求學生花時間閱讀歷史文獻，這不能不說可惜了些。

接著，本文花點時間，來談進化論或進化的觀點。[20]此論點與大家所熟知的黑格爾（Georg Wilhelm Friedrich Hegel，一七七〇～一八三一）與達爾文（Charles Robert Darwin，一八〇九～一八八二）有關，我們先談前者。簡單說，十九世紀的思想大抵上反對黑格爾的歷史哲學與自然哲學，具體而言，黑氏「視高、低等有機體之間的差異爲邏輯性的，而非時間性的」，此即，他不接受進化的觀點。[21]然而，在黑氏之後，自然生命——這「與有歷史的生命相似」——開始「被視爲能向前進步的生命」。一八五九年達爾文出版《物種原始論（物種起源）》（*On the Origin of Species*）時，上述想法已經相當普及。換句話說，過去在科學界，將自然看成是一種「靜態系統」——用「傳統的說法」來說，是指各種生物都是「獨特的創造」之觀念——早爲另一種看法所推翻。新的觀點是：每一種生物都在「時間過程裡」漸漸演化形成的。不過，這種進化論的觀點並非達爾文與眾不同之處，其特殊點爲：所謂的「物競天擇」的過程，並且，此種過程是由一種「近似人工選種來改良動物品種的過程」所推動。[22]行文至此，如果讀者心裡想到什麼，這會不會就是所謂的「白種人的負擔」此種心理狀態的理論基礎呢？那麼，讀者與筆者確實心有靈犀一點通之感呢！在稍後章節裡，我們還會再討論達爾文，當然，指的是他的觀點，尤其是進化論。但現在，我們還得看看進化論到底如何影響歷史思想？

在達爾文之前，歷史思想一直與關於自然的思想處於對立的位置。具體而言，歷史學所討論的，主要是有進展性的事物，例如，我們在第一章討論韋伯的四種法律類型（形式非理性、實質非理性、實質理性，與形式理性）的演進方向；自然科學所討論的主要是靜態的事物。然而，在達爾文的《物種起源》出版之後，「進化」一詞頓時成爲「歷史進展」與「自然進展」兩者的代名詞了。根據Collingwood的說法，進化論主宰科學領域之意義是：「實證主義將歷史約簡爲自然，乃是自然被部分約簡爲歷史而得以成立。」但Collingwood認爲，此種「協調」（rapprochement）在思維上並不安全，這是因爲「它可以推到一個有害的自然科學的假設：自然界的進化是自動推進的，能在其本身的法則下不斷創造**更好的**（粗體爲筆者所加）生命型式。它也可能推到另一個有害於歷史的假設：歷史進展需同樣的所謂自然法則來帶動」。從上面論述看來，Collingwood試著告訴我們實證主義——「爲自然科學服務的哲學」[23]——似乎不夠小心，而讓歷史與自然二者合一。在方法學上，因爲學者就像是一般人那樣，總有人將其論點推演至有害的假設，無論在歷史學也好，或是在自然科學也好。幸運的是，Collingwood認爲雖然「研究進化論解釋下的自然科學所用的方法也足可供研究歷史之用」，然而，歷史之所以未受此說之害，是因爲此時史學方法已較十九世紀前半葉「更具體」、「更有體系」，同時歷史學者也「更有自覺」。[24]不過，筆者覺得，既不幸又令人婉惜的是，部分學者還是不忍心放棄這種有害的進化觀點，並且將西方視爲其他文明的範本，韋伯正是其中一人。[25]我們可以試著回想，韋伯堅持（德意志所獨有的）形式理性的法律是進化的最高階段，但他忘記告訴我們

（「傳統」中國的）實質理性法律爲何略遜於形式合理的法律？也就是說，韋伯堅守進化觀點，但他卻提不出具體的證據，甚至於根本就認爲無須證明之。

總體而言，十九世紀的歷史學深受實證精神之左右，並接受實證程序的第一部分，也就是「搜集事實」。雖然沒有接受第二部分「發現通則」，但是，在處理「事實」時，仍然服膺實證主義精神並且遵從其兩項原則，首先，應該「視每一項事實可經由客觀的認知過程或研究過程而獲肯定」，換言之，在「可能探討範圍內的整個歷史領域被打散成無數的細微的事實」均需個別加以處理；第二，每個「事實」都應該被視爲「獨立於其他事實之外」，因此，所有關於研究歷史者的「主觀因素都必須去除」。這是說，歷史研究者「只能說事實是如何」但是「不可論斷事實」。[26]然而，這種實證精神下產生的「客觀性」，在歷史研究之中，到底有何意義，甚至是眞的存在嗎？本文對此持否定的態度，並且本文將會提出理由來說明。此外，達爾文的「物競天擇」進化觀，在十九世紀下半葉成爲影響歷史學界的重要學說，雖然，Collingwood指出歷史學並未受到該學說之負面影響，然而筆者認爲，在社會（科）學界未必如此，或許，我們可以發現進化論也同樣影響韋伯（或其他人）之主張。話說回來，韋伯被公認爲歷史比較研究的大師級人物，在十九世紀如此的氛圍圍繞下，倘若我們發現他對「客觀性」（或者再加上「進化論」）相當看重，那麼，這點也似乎在意料之中。

「客觀性」（objectivity）只在頭尾之間

本文在這裡將證明，在社會科學的研究過程中，「客觀性」可能存在，研究者也應該極力追求，如同韋伯所堅持者。然而，在整個過程中，必須「截頭去尾」，「客觀性」才可能顯現。具體而言，在研究過程的初始階段，也就是選擇分析議題，和最終總結研究的階段，研究者早已經透過自身價值進行判斷，而難以看到客觀性。不過，即使去掉頭尾之後，在資料的蒐集[27]、整理與分析上，還是有可能達到某種程度的「客觀性」。當然，最終階段所獲得的結論，可能在議題設定時就已經（大略）能看到結論的概貌了，或者，幾經修正之後，仍能與最初的假設大致相同。

事實上，「價值中立」（neutrality）與「客觀性」（objectivity）二者之間並非無關。「中立」一詞，的確是嘗試告訴我們，先將研究者的個人價值擺一邊，看看資料與數據到底可以呈現出那些「事實」再說，在此有個可能性，就是：客觀性可能存在整個研究過程中的某一個/幾個部分，如此，價值中立與客觀性就不致毫無相關。然而，（德文）翻譯還是得顧慮其正確性，以免誤導。所幸，在全球化的過程中，一群人選擇德國——無論是否是爲了韋伯而負笈他鄉——繼續提升自己，很自然德文也成爲他們所熟悉的另一種語言。學成之後，經由譯述來引介德國重要學者的著作，這成爲其中部分學者的「志業」，進而造福像筆者這樣不懂德文，卻又深受韋伯及其他德國知名學者所吸引著。從某一面向觀之，這應該可以算是全球化帶給人們的好處。

雖然，韋伯心裡所想的是價值自由，有其特殊意義，但「客觀性」在韋伯的方法論中，其重要性不低。索性筆者「將錯就錯」，繼續使用「價值中立」這個概念。雖然如此一來，可能爲顧忠華所批評，但主要原因（之一）是客觀性在自然科學的研究中，可說是大多數科學家所欲達到的目標。在社會科學發展初期，受自然科學方法論的影響頗深，我們知道，實證主義就是其一。例如，東南亞著名馬克思詮釋者洪鎌德教授，在分析實證主義對於政治學與其分支國際政治的影響，其一就是「價值中立」的學術態度。部分學者則主張，應該要「向自然科學看齊，採用客觀的、觀察的、不帶價值判斷的學術中立態度」來解釋社會（國內與國際）的現象。[28]當然，本文對這種看法表示些許懷疑。

所謂實證主義下所產生的「客觀性」，至多也只存在於頭尾之間而已，因爲在整個研究過程中，尤其是在研究初期，事實上，研究者的價值判斷便牽涉其中。那麼，即使「客觀性」眞的能在資料蒐集、整理，與分析時，依循嚴謹標準進行，也眞達到「客觀性」，但像這樣截頭去尾的「客觀性」眞的能夠篩除研究者的主觀成份嗎？筆者深感懷疑。

以下，我們再談談韋伯學說中與價值有關的議題。

韋伯學說中的價値議題

相信讀者會接受，「價値」（values）這個議題在社會（科）學裡占據重要位置，在韋伯學說中似乎更是如此。

那麼，且讓我們再看一次德文*Wertfreiheit*這個字，在不久前，它曾被誤譯爲「價値中立」，所幸學者顧忠華——堪稱華文學術圈「韋伯學」專家甚至是權威——將之修正爲「價値自由」，這就說明知識具積累性，能夠造福後輩小生。

韋伯（狂熱）支持者的論點

接著讓我們來看知識分子是如何全心全意，簡直可說是毫無保留地支持韋伯。資本主義不只引起了韋伯的興趣，也同樣引起二十世紀以來成千上萬中國知識分子的興趣，Timothy Brook（卜正民）認爲「資本主義……是努力理解中國的參考點」，其目的是期待中國成爲「現代」國家，而「現代性」的核心即是「過去一定要被超越」，而現代性的知識體系是藉由西方的崛起與非西方的落後兩者的對比，並運用歷史的觀點，使西方的「優越性」拍板定調。由於西方大力宣揚資本主義豐功偉業，亞洲的知識分子普遍覺得必須「以資本主義的觀點來書寫亞洲」。就中國而言，其知識分子只能「在沒有資本主義或欠缺現代性的情況下來撰述中國的歷史」。[29]換句話說，位居世界體系邊陲的知識分子們，不知不覺地迎合位居中心者的觀點，導致兩眼迷離而看不清眞相。本文稍後，我們應該可以看到非西方國家的知識分子抱持著這種心態，特別是當他們必須面對這段近代史的時候。

在此筆者想做的事——討論顧忠華的另一重要文章，但與「價値中立」可能沒有直接關係——乃爲證明顧忠華是稍嫌狂熱支持韋伯的學者。該文與中國的資本主義「精神」有關，不過，應該具有當代意義才是。二〇〇八年時，顧忠華先撰文，題爲〈資本主義「精神」在中國：韋伯學說的當代意義〉，該文充滿對韋伯觀點的擁護，簡單說，他傾全心相信，不像是西方的「理性主義」，就是經歷過韋伯所言的西方才可能產生的理性化過程，相對於此，中國儒家思想屬於「傳統主義」，在在阻礙著資本主義的萌芽，更別說成長茁壯了。顧忠華進一步引用韋伯的著作——且絲毫不加懷疑——他認爲是「傳統主義」不知怎麼地「始終支配著文化發展的方向」，即使是「貴金屬和人口的增加」，然而「十七、十八世紀的中國不只是未曾刺激資本主義的產生，反倒強化了傳統主義的力量」。[30]這麼說來，韋伯認爲任何「傳統」中國的文化特質、要素都阻礙著中國走向資本主義，最終導致中國在世界體系中地位的衰落。

但事實上，在十七、十八世紀時，中國豈不是在全球白銀—絲綢（silk-silver）貿易[31]

上頭賺取大量白銀嗎？而且，這正是中國在（絲綢）產業領先全球的證明。但這段歷史向來不被華文學術圈重視。再者，十七、十八世紀康、雍、乾盛世長達一百三十四年，難道毫無作爲嗎？[32]在國力，特別是經濟力強盛的時期，無論如何都無法產生資本主義，因爲「傳統主義」持續作怪，使這樣的情形得一直到改革開放才有機會改變。概略地說，韋伯對「傳統」中國的描述大致是：整個政治制度看起來「似乎千古不易」；在經濟結構上，「自給自足的小農經營和血緣團體的組織」導致經濟「停滯不前」的窘況。[33]令人難以置信的是，顧忠華全然接受韋伯的說詞，並且認爲——筆者如此猜想——無須再進一步探究了，因爲大師韋伯所說的，不可能有誤。對於「傳統」中國的看法持上述論點者，相信有一大部分是韋伯的（狂熱）支持者，筆者認爲顧氏正是其中之一，其原因在於，對於改革開放的中國，顧氏的說詞更是讓人難以捉摸。以下這段話，應該可以證明本文所言不虛。關於改革開放後的中國，他主張：

> 中國自一九七八年開始的改革開放政策，基本上能夠貫徹執行，而韋伯形容「缺乏固定的、公認的、正式的和可靠的法律基礎來保護工商業的自由發展」、「缺乏專業且具效能的文官科層體制」、「缺乏理性的貨幣經濟與財稅政策」、「缺乏理性的行政與司法制度」、「缺乏針對專業的教育與訓練制度」、「缺乏理性的科學與技術」、「缺乏理性的

企業組織」、「缺乏理性的會計和簿記制度」等等阻礙資本主義發展的制度性因素，也在政策執行過程中，一一地被克服了……鄧小平的務實主義主張獲得了新的正當性，「社會主義市場經濟」的實驗也創造了巨大的經濟成果……我們若以歷史因果關係來分析，似乎必須承認：如果沒有狂飆式的「文化大革命」，中國數千年遺留下來的傳統主義恐怕不易就此被掃除，韋伯所指稱不利資本主義發展的條件也會持續產生作用，這時，是否不經過政治革命的「中國改革開放道路」能夠順利開展，顯然就充滿了變數……。[34]

當目光掃到文化大革命，等等，這不是中共所稱「十年浩劫」嗎？好像是。但這會兒，卻變成中國改革開放獲致成功的大功臣了。這說法簡直讓人無言以對，但還得繼續說下去。由於韋伯的影響力太過巨大，就連一九七〇年代末期開始的經濟改革都被韋伯給說中了，不知道韋伯或其（狂熱）支持者是不是也能夠聲稱韋伯已經準確預言近期中國「一帶一路」倡議呢！是否某某「傳統」又被打倒了呢？

從以上分析，讓我們得知華人學術圈裡足以稱爲韋伯學專家（至少是其一）的顧忠華，他對於韋伯的熱愛幾乎可說到了無以復加的地步。當然在這裡本文暫時不做任何判斷，也不會因爲上述論點，而對於他「價值中立」的看法預設立場。

「價值中立」與價值自由

相信留學德國的社會（科）學家，應該鮮少有人對韋伯的學說不感興趣才是。而且，多數人也會相信，因爲懂德文——學習困難度應該比英文高——的優勢，引介並且詮譯（或再詮釋）韋伯的著作成了留德學者——例如，顧忠華教授——自我期許的「責任」。當然，不懂德文的筆者謝某深感謝意，如此一來可省去花費更多時間來閱讀/查閱外文著作乃至德文原著。關於*Wertfreiheit*一詞，顧忠華認爲若翻譯成「價值中立」會產生誤解，使人誤以爲社會（科）學家能不偏不倚地從事客觀的研究，只要學者保持這樣的心態，那麼，要達到客觀性似乎就不是那樣困難。因此他認爲，就其德文原意，應該翻譯爲「價值自由」或「免於價值判斷的自由」（*Werturteilsfreiheit*）[35]，亦即，我們應該拋棄「價值中立」一詞，而追尋「價值自由」[36]才是，這是他建議我們應該如此做的。

不過，價值自由這概念若眞如顧忠華所言，是免於受到政治、宗教與倫理等價值的影響，使「學術自由」得以確保，那麼，韋伯逝世一百年後的今日，再度述及價值自由又有什麼意義？也難怪Betta與Swedberg認爲，時至今日，或許我們應該「修正」或可能地「擴大」這個概念的意義。[37]也許如前所述，原來誤譯的「價值中立」，因與「客觀性」的議題有關，看來似乎更有討論的必要。

但讓我們試著沿用顧氏從德文直譯的價值自由或「免於價值判斷的自由」，也許我們可以得到啓發。但什麼是價值自由呢？如前所述，韋伯清楚地知道「價值中立」的不可能性，顧忠華亦同意此點，韋伯當時發現在「社會政策學會」（Verein fürSozialpolitik）的同儕間，有人戴著政治意識形態的「有色眼鏡」，導致這些同事分不清「事實」與「價值」兩者的區別，於是韋伯自詡爲「唐吉訶德」，不惜得罪同事。明顯地，韋伯反對的是某些人「不知節制的（地）假科學之名」試圖遮掩自己的價值判斷，甚至是摻雜「非科學」的目標。基於對韋伯的充分瞭解，顧忠華指出，韋伯終其一生「念茲在茲」，其實是運用制度（及其他，像是學者的自我要求）來保障「學術自由」。顧氏進一步闡釋韋伯所抱持的「自由主義」立場，相似於廣義的奧地利學派成員——諸如Friedrich August von Hayek（海耶克，一八九九～一九九二）、Ludwig Heinrich Edler von Mises（米塞斯，一八八一～一九七三）、Karl Raimund Popper（柏波爾，一九〇二～一九九四）等——所支持的「開放社會」。雖不易證明，但顧氏「假定」所謂的「開放社會」、「學術自由」與價值自由，可能是一組「具有內在關聯性的制度設計和行爲規範」，在此一「自由的邏輯」理念中，顧氏（在「假定」中）認爲「『自由』也都包括了『自律』的成分」[38]。本文相信，韋伯心目中關於「價值」議題勢必更爲複雜，且大多是超乎筆者能力所及。不過，就顧氏這段話看來，價值自由在當時韋伯的心目中，最重要的是：反對「社會政策學會」的同事假科學之名，意圖達到他們的政治目的。並且，按顧氏的說法，韋伯認爲學者必須「自律」，當然，也許再加上一些制度的設計，來保障價值自由、「學術自由」，以達致自由主義者所嚮往的「開放社會」。但應該不只是「自律」吧！？顧氏續言，他希望能夠看到一些「自律」之外的事物。

如顧忠華所言，「價值中立」[39]的確使人誤以爲「不作判斷」或「價值冷漠」[40]，但這並非韋伯的原意。顧氏認爲，韋伯帶著警惕意味地將「免於價值判斷」與「自由」二者加以聯繫，而凸顯出研究者在「學術自由」的保障之下，擁有三項權利，包括「選擇自己探究問題的權利」、「不受任何外在控制自由從事研究的權利」，以及「基於自己的見解教授自己的課題的權利」[41]。在所謂的「自由主義」大纛之下，韋伯還不忘記提醒我們，在行使上述「自由」權利來進行科學判斷時，首重秉持「事實」的原則。唯有如此，方能享受「自由」並發揮創造力，然而，假使研究者——無論故意與否——加入其偏離事實的價值判斷，研究成果勢必受到影響，「自由」亦遭受濫用[42]。本文完全同意顧忠華對於韋伯價值自由的分析。在這裡，我們看到顧氏修正向來被錯譯的「價值中立」一詞，就能理解價值自由的涵義。當然，韋伯身處一個世紀以前的德國，他可能難以享受到上述三項權利，而這正是韋伯所極力推動，所謂「學術自由」的制度化[43]保障。在百年前就已經能預窺到這幅景象，實在不能不說韋伯確實有先見之明。然而，在現今二〇一〇年代——無論是初期或末期——上述的三項權利眞的還這麼重要嗎？眞有必要大費周章地將「價值中立」修改爲價值自由？當然，相信數以萬計的學者受到韋伯的啓發，在過去，「學術自由」或許不受重視，但如今呢？相信應該已經改善不少才是。

雖難免偏頗，但以筆者本人爲例，自二〇一五年九月開始在天主教輔仁大學社會學系開授「社會學囧很大：看大師韋伯如何誤導人類思維」（簡稱「社會學囧很大」）這門課，至今依然教授該課程，無論在開課前後，均未曾有「上級」質疑或者「關切」過教授的課程內容，筆者相信自己享受充分的學術自由，擁有自由選擇研究問題、能無拘無束地從事研究，並且隨己意向學生解釋爲何大師韋伯誤導人類思維。當然，我們似乎不宜拿號稱最民主的台灣來代表華文圈，因爲台灣的學術自由與向來自詡爲「自由民主」的西方世界相比，恐怕還眞「落後」了些。所以，就學術自由這點而論，西方世界應該還比其他地方更進步才是。那麼，此時——也就是二〇一〇年代後半——夸談韋伯掛念終生的學術自由（價值自由，或開放社會）有何用意呢？筆者深感不解，難道只爲韋伯過去一個世紀以來的卓越名聲錦上添花嗎？眞有這個必要嗎？當然，全球有不少韋伯的追隨者，其名著的詮釋者可謂無法勝數，顧忠華教授是其一，然而，他在二〇一三年大作《韋伯學說當代新詮》一書中，引經據典，重（新詮）釋韋伯的論點。相信他對韋伯的瞭解應該比許多學者更多才是，筆者也相信顧氏的詮釋應該是絕大部分——即使不全然——反映韋伯當年的想法與期待。是故，幾經分析，我們可以這樣說，韋伯的價值自由就是「學術自由」，即自律地根據「事實」說出其相，而不將偏見放入科學研究之中。但過去多少學者費盡心力爲「價值自由」[44]而辯，難道就是只爲此而已？這頗令人訝異。筆者用一種相對「學術」一點的說詞，來重覆上述的質疑！本文質疑全球韋伯學詮釋的大師級人物Wolfgang Schluchter總結其《超釋韋伯百年智慧》一書的論點。他認爲，韋伯數十年、甚至百年以來，「所處理過的問題今天仍然是學術反省與政治實踐亟待面對的**根本問題**（粗體爲本文所加）」[45]。筆者對此結論實難認同。人們花費如此漫長年日，都未曾看見學術界的「進步」嗎？真的還需要屢次（包括這一次）討論「學術自由」的重要性？還是，在現今這個時代裡，學術自由被財團所干擾還可能遠多於爲政治界所左右，雖然，我們無法在此簡單回答這個問題。

如前所述，韋伯知道「價值中立」是不可能達成的，事實上，的確如此。在學術研究中，韋伯十分清楚價值問題所產生的作用，人類社會無法脫離價值而存在，因爲價值乃是構成文化最核心的元素之一，同時也是「文化人」的科學研究者，對於所有事物必然都「帶著價值加以理解和評價」，甚至於韋伯本人曾經表示過「社會科學的研究」就是嘗試著賦予研究現象（例如資本主義）特定「文化意義」（Kulturbedeutung）。倘使研究者缺少價值作爲內涵，那麼，「文化」又有什麼「意義」[46]呢？當然，研究者不可能沒有價值涉入。

價值判斷與價值關聯

本文在一開始「價值中立」之不可能性的這小節裡，略微提到研究者觀點的形成是在其價值判斷之後才形成的。在此我們來看「價值判斷」（*Werturteil*, value-judgment）這個概念。首先，我們先看韋伯是如何理解「價值」。在社會科學方法學上的功能，「價值」二字有其作用，韋伯這麼說：

> 價值就是選擇研究方向與領域的判準，用以決定（社會）科學（研究）題目的過程之「重要性」。在社會科學中，本來就存在特定的價值假設，在很大的程度上，這些價值假設是可被修改的，也爲文化情境歷史所決定，進而成爲研究始點。這些假設並非源於科學的，也決不是研究（所產生）的結果，所以是「主觀的」。[47]

如上所述，韋伯認爲「價值」在科學研究過程中是難以避免，而強調科學研究過程中的「主觀性」，這與本文開頭「價值中立」之不可能性這個小節的結論相似。所謂的價值判斷，基本上，這個詞並非中性。在韋伯的論述當中，還帶著些許負面的涵意。如顧忠華所言，韋伯自始自終懷疑「價值判斷」，因為他十分擔心研究者用顏料筆在「事實」上抹了一層又一層的主觀色彩。不過，筆者覺得，韋伯過於杞人憂天。既然「價值中立」已不可能，因為價值判斷必存在研究中的某個環節裡，於是主觀色調亦將呈現在科學研究所獲得的知識裡。如果研究者應該追求「價值中立」，同時又得去除「主觀色彩」，這可說眞個是「難」上加「難」的苦差事！

至於價值關聯，在韋伯的說法中至少有以下兩種不同的解釋，其間未必無關，縱使不同學者對此概念加以闡釋：其一，即是「觀點」（viewpoint）；其二則與理念型有關，並藉以區分價值關聯與價值判斷。首先，在「觀點」上頭，韋伯的「價值關聯」（*Wertbeziehung*, value-relationship），簡單說，就是（一種）觀點。韋伯認為，「價值關聯的概念是一種選擇的標準」，並且「在社會科學之中，這使得為特定之案例劃定其研究領域成為可能」。這樣的定義，「使價值關聯等同於觀點」，研究便可由此展開，換言之，有了這個大方向，也就是研究人員興趣所在，調查才得以開始，這正是「社會科學的基礎」[48]。如此，可以這樣說，研究者的價值關聯，也就是其選擇的標準，為研究者勾勒研究領域的界線，於是，研究就此展開。

關於第二種價值判斷的意義，我們就得花上較長的篇幅。在社會科學的領域裡，韋伯早已認識到「研究者個人（但應該不包括韋伯自己）先入爲主的價值偏見經常損害知識的客觀性」。爲解決這個燙手山芋，韋伯認爲解答是將價值關聯與價值判斷在邏輯上加以嚴格區分。關於此點，顧忠華認爲德國學者Wolfgang Mommsen對這方面的見解堪稱精闢。Mommsen寫道：

> 據韋伯之見，理念型概念不只由參酌經驗材料建構出來……還必須考慮到賦予研究對象「文化意義」的那些價值與文化理念。「理念型」可以建立經驗現象與普遍價值信念間關聯，卻又無須就這種關聯之有效性作價值判斷……韋伯堅信這無損於「價值中立」原則，因爲「理念型」具有純粹唯名性質，不會導致實質性的偏見陳述。[49]

首先，顧忠華引用德國學者Mommsen對於韋伯理念型的看法，當然，Mommsen這段話，德文並非問題，因爲顧氏基於認同Mommsen「精闢」的論點才整段引用；第二，Mommsen提到，韋伯不僅只從經驗材料建構其理念型，還得考慮研究對象之價值，這（些）價值還具備某種「文化意義」，倘若如此，考量研究對象的某種價值時，研究者不是已經在其內心（腦海）做出判斷，進而選擇？本文認爲正是如此；第三，研究者既然不得不做判斷，那麼就費人疑猜，爲何Mommsen如此肯定地說，在經驗現象與普遍價值信念兩者之間可以藉由「理念型」來建立關聯，又不必在關聯的「有效性」上進行價值判斷。不是得先判斷才得以產生關聯嗎？或者判斷與關聯同時發生？

最後，也可能是最重要的，因爲「理念型」具有「純粹唯名性質」，而唯名論者認爲感官可以覺知個別的存在，事物的共相是不存在的，共相乃是一種虛構的概念。那麼，可以這麼說，理念型所陳述的某種類型（共相）是虛構的，亦即在現實生活中找不到對應之物，是故難以產生所謂的「實質性的偏見陳述」。但在龐雜紛亂的歷史研究中，我們還眞可能無法拋棄非歷史的理念型建構。不過，這個問題還是留待下一章再行深入討論。也許，我們再看其他學者對韋伯「價值關聯」的論述。

帕森思認爲「價值關聯」*Werbeziehung*與瞭悟（或理解，*Verstehen*）有關，筆者也相信，即使在截頭去尾的「客觀性」當中，仍然摻雜研究者的主觀成分。關於韋伯的價值關聯，帕森思這麼說：

> 韋伯……必須處理以下的教條，即方法論上的規範性與表意性導向的二分，與竭力窮舉其物理特性之後對「外在的」眞實底觀察，並經由參與觀察的客體而爲的瞭悟（斜體爲原文所有）之間的二分是相對應的。[50]

瞭悟，簡單說，就是同理心，設身處地爲人著想，無可避免地與研究者抱持的價值相關。帕森思「提出一個與價值關聯概念相關的重要關係」，他認爲不僅有「研究者本身之非科學的價值」蘊涵其中，並且還涉及「被研究對象的人以及其他事物」，於是，「在瞭悟這個科學調查的層次上，基本上就是一個有意義的溝通過程……」。[51]

我們可以像帕森思所想，在瞭悟這層次上，將之視爲一種有意義的文化溝通。然而，這似乎無法保證什麼。我們知道韋伯對瞭悟應該很熟稔，然而，在不同的文化之間，豈能運用瞭悟來熟知其他文化形形色色的展現嗎？當韋伯運用「瞭悟」來理解中國儒士時，他可能只得知儒士相對休閒的部分而言，他們的清談，僅止於講些五四三（雞毛蒜皮的小道消息），而且經常是在樹下。但事實上，成千上萬的儒士經過科舉考試，進入科層體制——吏、戶、禮、兵、刑、工等六部——成爲專業的政府官員。換言之，韋伯並未看到中國儒士上班的時候，而只看到他們週末休閒的樣貌而已。那麼，這種價值關聯，究竟讓研究人員得到什麼？本文感到不解。當然，價值關聯的確會影響研究者所獲得的結論，韋伯或許可以再度成爲本文的例子。

文化背景影響價值判斷

一言以蔽，研究者的文化背景「應該」——倘若不是「必然」的話——會影響到其研究旨趣、議題、方向、領域，以及其結論。而且，其研究「發現」通常在議題選定之時就已可略窺樣貌了。當然，該「發現」倘若與研究初始階段所成之假設存在著差異的話，那麼，在研究過程裡顯然就有必要適度修正。當然，更重要的則是：我們很難找到直接的證據來證明某位研究者的成長過程、家世背景，其人生經驗如何「限縮」其研究領域，或是如何「指定」其研究方向，其研究發現到底是如何孵育成形，更何況，又有哪位研究者樂意讓人屢次懷疑？因此，充其量，我們只能說文化背景可能影響人的價值判斷，影響其研究方向與領域，甚至是研究結論的獲致。簡單說，「文化背景」與價值判斷兩者間的可能存在著難以驗證的關係；較保守地說，這兩者間應該是有些「關聯」（relationship）。況且，就連結構功能論最具知名度的學者帕森思當年在探討韋伯的思想根源時，他也只能含蓄地用「影響」來說明當年政壇的兩翼——共產黨（Communist）與社會民主黨（Social Democratic）——的分裂還來不及「影響」（affect）韋伯的研究走向。[52]

那麼，若如帕森思所言，韋伯將自己視爲中產階級，並且「引以爲傲」。法律與經濟二者，是中產階級的天然工具（natural instruments）[53]，我們可以找到爲何韋伯將其心力

（之一部分）投入其法律社會學與宗教社會學這兩個領域的蛛絲馬跡。進一步說，將自己視爲中產階級的韋伯，其家庭背景與其所持之生命態度會否影響研究旨趣呢？如果會，又是如何影響？我們來看歷史學者Collingwood的說法，畢竟韋伯不僅是古典社會學三雄之一，也被視爲歷史比較研究的大師級人物；接著，再看帕森思對這個議題的想法。

歷史學者Collingwood曾經提醒我們，「我們現在能藉歷史思考，重視過去的那一部分，完全依據我們現在的興趣或生命態度而定。我們都知道過去的某些部分，我們現在不必加以重視，但將來可以有興趣加以重視……」。[54]Collingwood的建議以下幾點頗值得我們深思，可在此略爲討論。即使在這裡，我們可能難以找到直接的證據。本文有幾點看法如下：第一，學者、研究人員重視過去的某一部分與其「現在的」（應該說「當時的」）興趣或生命態度有關。韋伯視自己爲中產階級，而「法律」與「經濟」二者支持中產階級的優勢地位，隔開中產階級（或以上）與下層之普勞階級，可以這樣推論，韋伯之所以對於法律社會學與經濟（與其他面向）的理性化過程多所著墨，與其個人的興趣應該脫離不了關係才是。第二，韋伯的研究，與其價值判斷，是否與家庭關係的和諧有關，恐怕如Collingwood所言，與其生命態度有些「親和關係」才是，或至少不至於完全無關才是。我們知道，韋伯的憂鬱症與其父親的爭執有關，韋伯與母親——她作爲一位虔誠的新教徒——感情和睦，這是否使韋伯對新教徒的禁欲觀抱持相當正面的看法有關呢？雖不易證明，但應該不無關係！本文覺得，我們仍應小心才是，畢竟，即使一位研究者所持的價值（判斷）應該與該研究者的「興趣」、「生命態度」有關，但欲加以證明卻非易事。即使我們同意Collingwood所言，但研究者爲個人生活經驗影響的程度應該有所差異才是。

事實上，韋伯不愧爲大師，想必他應該很清楚如欲區分研究者個人生活與其「科學生活」二者是極其困難的。[55]雖然，要證明兩者間是否存在因果關係實屬不易，然而即使僅能宣稱這兩者可能存在某種關聯，對於瞭解該研究者的論點還是有所助益。接著，本文討論帕森思如何看待文化背景與研究者所持之論點間的關係。

帕森思曾經這麼說：「相對於……幼稚的文化『孤立主義』，我們可以說科學，也包括社會——文化的科學，是在該社會價值系統的條件下尋找其（發展）方向，並且依賴於當時的文化背景。此乃幾乎依循一個基本的事實，那就是：科學是關於人的事業。」[56]此段話言簡意賅，說明科學研究者本身的價值觀與該研究者所處之社會的價值系統脫離不了干係。亦即，研究者身處的文化背景對其研究觀點、方法，與結論都會產生「影響」。

接著我們進入本章的下一個——或許是最重要的——主題，那就是「價值中立」與歷史研究兩者間關係的探討。

隱身在歷史研究的「價值中立」

先前，在分辨價值自由與價值關聯二者時，本文提到Hammersley的看法（特別關於前者），他認爲價值自由是根據事實所得到的結論，在社會學的研究發現當中是必要的。從Hammersley的論述中，我們得知在社會科學裡價值關聯無可逃避，似乎也無此需要，而必須根據事實來追求價值自由才是。[57]那麼，什麼是「（歷史）事實」呢？因此，在這小節中，首先討論什麼是「事實」與歷史；其次，論述實證主義與歷史研究二者間的關係，因爲前者對後者的發展產生影響；最後，談論歷史研究中的「價值中立」與「客觀性」。

何謂「事實」、何謂「歷史」？

過去所發生的事件（實），未必自動變成歷史。但社會科學研究者所看到的「事實」，再加以詮釋之後，就可能變成「歷史」。這一小節，我們將重心擺在Edward H. Carr（卡耳）「什麼是歷史」之概念上。

一般人的想法是，過去發生的事都將成爲歷史。人們總是說：「事實會說話」，但這個泛泛大眾的說法其實只是個想法，因爲「事實」不可能爲自己說話。雖然，歷史未必只能從留傳下來的文件得知，不過，這些文件並非留給所有人，嚴謹一點說，只留給知識分子而已，執是之故，（歷史）文件留給人們的是作者的想法。由這角度出發，我們幾乎無法鳥瞰歷史的整個圖像，而只能看到過去某段時間的某個（或某些）事件——無論它有多重要——經過作者「東鱗西爪的拼湊」之後的樣子而已。無論多麼不情願，但我們必須承認這個看法。但爲什麼是這個事件，而非那個事件被選擇？爲何這個視角、方法，或檔案比另一個好？或說，爲何這個「事件」被視爲是可信的，而不是另一個呢？上述種種問題都與歷史學家的詮釋有關。難怪Carr提出「什麼是歷史」這個問題，並且在《何謂歷史》一書中加以回答。他說：「歷史是現在與過去之間，歷史（社會）學家跟他（她）的事實永無止境的對話。」[58]因此，似乎有必要多談一些關於歷史（社會）學家的詮釋。

人類的過去即使並非「總是」，也「經常」是由許多過去事件組成，於是，「詮釋」總在吾人嘗試理解過去時扮演著重要角色。在研究者的心目中，評判某一事件的標準可能不一，也可能選取不同的事件來當作探索的對象，並爲其研究找到最新的發現；但也可能是這樣：研究者之間爭論的事件相同，但是採用不同的觀點，以期待察覺出過去所沒有注意到、或是刻意被忽略的（其他）「事實」。因此，（價值）判斷乃是不可避免的，無論是我們談的是討論的事件、蒐集的資料、觀察的角度、研究方法的選擇，與某種結論的達成等等。就此面向視之，欲恪遵「價值中立」的研究看起來何等的難，根本無法達致，即使是對於受過相當嚴謹訓練的學者而言都是如此。如此，歷史學者**主觀的**詮釋無法從一系列歷史事實中移除，讓純粹的**客觀性**能夠保留下來。身爲歷史比較研究大師級的韋伯，如何能夠將其研究中的主觀成份篩選汰除，而獨留所欲追求的客觀性呢？「價值中立」與「歷史研究」二者間是否存在無法解決的矛盾呢?筆者認爲這種矛盾的確存在。

此時，或許我們應該返回價值自由（或「免於價值判斷的自由」）的議題上頭。簡單說，因爲研究者所「挑選」出的「事實」與價值有關，是故，韋伯所堅持的價值自由本身即是矛盾。關於此點，德國著名的韋伯專家——Wolfgang Schluchter（施路赫特）——的看法值得留意。Schluchter認爲，韋伯的「價值自由」[59]有雙重意義。其一，讓「有成果的」經驗科學在一個價值衝突（非「和諧共存的價值多元論」）成爲可能；其二，經驗科學應該受到保障，遠離「價值秩序之間無可解消的鬥爭騷擾」，也就是說，「不涉及價值（或價值自由）」的經驗科學，本身即「一項值得捍衛的價值」，而這種學問本身就是「有價值的」（*wertvoll*）[60]。不過，誠如Schluchter所言，韋伯的價值自由確實存在矛盾。只是，本文覺得這個矛盾應該不是最大的問題。上述這個論點，相信顧忠華教授也非常清楚，除了先前我們討論顧忠華對韋伯終生堅持的學術自由及研究者應該有三項權利之外，顧氏還提到在進行科學判斷的時候，必須秉持「事實」的原則。也唯有在這種情形下，「自由」才得以發揮功效，讓創造力充分展現。顧氏所提的「事實」與本節的分析有關，但什麼是「事實」呢？這就又回到本節的重點，「事實」是歷史（社會）學家爲自己的論點而發聲者。此外，科學的「史實（或事實、事件）」與歷史「史實」二者是有區別的，但誠如Collingwood所言，實證主義者只在乎前者而已。[61]是故，運用在自然科學效力的哲學——也就是，實證主義——套用在社會（科）學，筆者認爲，可能會產生負面影響。

在歷史研究中，「事實」扮演的角色相當重要。相信韋伯也深諳這點。當然，著名的歷史比較研究者是理當瞭解的。帕森思認爲「韋伯非常嚴肅地看待下述之主張」，這主張是什麼呢？該主張認爲「知識（斜體爲原文所有）從經驗上來看，清楚地暗示著對現象與事件之因果解釋（斜體爲原文所有），反過來說，因果解釋絕對不可能完成，除非與特定的事件（斜體爲吾人所加）相關連」[62]。由此看出，韋伯對因果解釋興致勃勃。雖然筆者懷疑，「新教倫理」與「資本主義」二理念型之間是否存在著因果關係，還是韋伯似乎想將二者間的親合關係當成因果關係。關於這點，我們在稍後章節中還會討論。

總言而之，「事實」與「歷史」似乎不若我們先前所理解的那樣，二者都是某作者對於某（些）事件的看法，以及事件之間關係的解釋。人類的「過去」不會自動成爲歷史，「歷史」乃是通過某（些）人的解釋後才算數。接著，我們來談實證主義與歷史研究之間的關係。

實證主義與歷史研究

先前，我們論到Collingwood有關十九世紀時實證主義對歷史學影響的看法。不過，討論重點放在實證精神與「客觀性」二者間的關係。在此我們再看他對於（歷史）「事實」的看法。把歷史看成是「只談事實，不談其他」這樣的觀念或許無害，然而，到底什麼才是「事實」？「事實」是「由感官得到的」，實證主義的知識論就是這樣告訴我們的。Collingwood以天竺鼠爲例，他說，被注入了培養菌之後，這隻天竺鼠得了破傷風。當有人懷疑這個事實，那麼，只要實驗者將培養菌注入另一隻天竺鼠，就會得到相同的結果，因此，科學家對此的敘述與事實是不是一致的？這從來都不重要。重點在於「事實是經驗性的，其發生的情況可以重現」。不過，在歷史中，「事實」一詞的意義是大不相同，Collingwood再爲我們舉出一個近兩千年的例子，他說：「在第二世紀，義大利境外開始有羅馬兵團成立」，這事實並非由直接觀察而來的，除非恰好是身歷其境的當時代歷史學家；相反，乃是運用一套「有複雜的法則與假設的解釋系統，由資料推論來的」，他繼續說：「歷史知識論是要找出這些法則、假設是什麼，並且要問它們的必要性與正確性如何。」【63】

「必要性」與本文所提相對「重要性」——經過了研究者的價值判斷——有異曲同工

之妙。然而，前述Collingwood所提的科學的事實與歷史的「事實」能讓人信服，然而在此，筆者想強調Collingwood所提的「正確性」與「必要性」，特別是後者，也就是「必要性」，因爲與某一時代的價值系統有關。那麼，十九世紀歐洲（學界）強調（或瀰漫）著什麼樣的價值呢？這個問題與我們的研究有關，而值得花些時間討論。也就是說，研究者根據自己的價值判斷來選取某些值得研究的「事實」，該研究者認爲不值得研究的事件，就被拋棄。事實上，不僅研究者經過價值判斷之後，所認爲「不值得」研究的事件而已，研究者不熟稔的，或根本不懂的事件，都容易遭受忽略。筆者在先著[64]花費不少篇幅說明韋伯不甚瞭解（或根本沒聽過）的「傳統」中國義務觀社會是如何保護人民的生命財產。可惜，韋伯因爲沒機會閱讀中文文獻，所以難以得知中國司法體系到底是如何與西方權利觀的運作方式不同。那麼，十九世紀（之前）歐洲學術界到底處於何種氛圍呢？韋伯爲何在未經深究中國法律體系之前就驟下結論呢？本書在下一章將會討論。

然而，就實證主義與歷史研究二者的關係來看，因爲前者是爲自然科學服務，先前已談過科學「史實」與歷史「史實」之間的差異。本文認爲，實證主義所追求的客觀性，將難以在歷史（社會）學領域裡找到。以下，我們就談談這個問題。

歷史研究中的「價值中立」與「客觀性」

筆者認爲，即便將蒐集而來的資料進行整理與分析，並且在過程中儘可能排除研究者個人的偏見，無論它（們）是基於政黨、財團、宗教，或是倫理上的考量，任何歷史研究都無法達到純粹地客觀（purely objective）。

Carr曾經在一次演講中提到他對「歷史」的看法，他解釋道：

社會科學——歷史學也在其中——不能允許自己去接受一種將主觀與客觀分開的知識理論（theory of knowledge），也不能接受強迫將觀察者與被觀察的事物兩者嚴格分開。我們需要一種新的模式，此〔模式〕對於二者〔即觀察者與被觀察者〕之間的關係與互動抱持著公正之態度。歷史事實不可能純粹客觀，因爲這些事實的重要性，必須僅由歷史學家賦予之。歷史裡的客觀性——如果我們仍然使用其最傳統之用法的話——不會是事實的客觀性，而〔客觀性〕僅僅得以表現在關係之上，在事實與詮釋〔的關係〕之間，在過去、現在，與未來〔的關係〕之間。[65]

若我們將這觀點運用在歷史（社會）學之上，那麼，所謂的「價值中立」與「客觀性」將難以在此領域中被找到，這是Carr的想法，筆者也能認同。

事實上，早在一九七〇年代初期，美國社會學界討論過韋伯的「價值中立」、「客觀性」等概念，雖然「學術自由」讓學者前仆後繼地討論過去的「經典」著作與其中之想法。時至今日的二〇一〇年代晚期，我們其實花費不少心力（仍）在思考著數十年前、乃至百年前的「經典」想法，有時，筆者覺得自己在學術界除了創造不多的GDP之外，似乎無甚建樹，但眞是這樣嗎？這點令人懷疑。也許在一九七〇年代初，美國社會學界對韋伯的討論所得「總結」仍然在四十餘年後的二〇一〇年代後半繼續被使用，雖然這看起來有點不太長進，但讓我們暫且試試。John W. Petras與James E. Curtis在一九七一年撰寫〈今日的韋伯〉一文，在該文中Petras和Curtis二人引用了Gunnar Myrdal（米爾達）的說法，他們說：

> Myrdal抱持他的說法，認爲既然社會科學是特定社會系統之一部，因此，〔社會科學〕不可能超越這個系統的價值與其假說。並且，Myrdal也留意到一位研究者可從他所選擇的觀點與價值前提（value premises）出發，來開始研究。只不過，當此研究者的價值前提如果恰好近於主流觀點的話，其研究工作將更可能被接受，並獲得補助。過去，韋伯相信自己解決一大部分自己建議科學家追求客觀性所產生的兩難窘境，當代的批評家則開始

質疑韋伯的說法。在美國社會學界，價值自由被攻擊的力道一直處於不斷增加的情況。在韋伯哲學影響下，我們將會看到一種矛盾，它同時包含興起和衰退的現象。興起是指價值是無法與社會學的研究主題（subject matter）分開之假定（premise），而衰退則是指社會學科學家不再試圖證明自己（所持之價值）與其研究主題毫無關係（immunity）。[66]

從以上敘述看來，一直以來，我們討論的韋伯學說中「重要」的議題，似乎在一九七〇年代的美國就已有了結論。

此外，David M. Trubek（褚貝克）在文章中提到了相似的論文。筆者覺得，即使是韋伯，他應該會認爲社會科學也是「（他的）鐵牢」。Trubek這樣說：

我相信韋伯會這樣說，社會科學，最終也將成爲現代生活的鐵牢。因爲直到其生命末了，韋伯依然信守實證主義者對事實與價值二者之嚴格區分，（對他而言）社會科學必須避開所有的價值問題，他認爲社會科學不可能提供答案給價值或意義的問題，而這些問題卻是社會思想最爲根本者。[67]

本文未必同意所有（或者大部分）Trubek之主張，但同意他所認爲韋伯「事實」與

「價值」的分離根本是不可能。具體而言，這種實證主義的事實與價值的絕對分離，讓韋伯彷彿置身在社會科學的鐵牢之中，而難以脫身。

以下，我們總結本章的發現。

本章結語

這一章始於全球人才的跨國移動。要想精通某種外國語言，可謂曠日廢時，除了具備天份者，其他資質較一般的人（包括筆者謝某），不僅難以獲致相當成就，光是要趕上一般水平都得費上相當功夫！簡單說，留學英語世界者，難以熟悉英語以外的語言，這是相對要付出的機會成本；相對地，留學日本、法國，或德國者，則要花費極大心力在該國語言，但也可能花費許多時間學習英語上，導致學成歸國之後，發現所謂的指標性期刊幾乎都以英語書寫，這頗讓人爲難。然而，留學歐陸的學者也不是完全沒有好處，因爲社會（科）學這個領域裡的佼佼者，如果不是法國人，就是德國人——如孔德、涂爾幹、馬克思，與韋伯等。來自世界各國，對於社會（科）學感到興趣的人才，紛紛負笈前往歐洲大陸的法德二國尋找更多的養分，來嘉惠後進學子們。那時候的大英帝國可能忙於稱霸全球，不像歐陸那樣，實在沒空再花心思來栽培幾位大師級人物，所以，也只好將學術領袖的位置拱手讓出。於是，年輕時放棄了法、德二國的留學機會，之後，也只能從翻譯的版本略窺大師的面貌。但如今多虧全球化這個過程，讓我們有機會可與不同文化進行交流，當然，通常是非西方世界接受西方的洗禮，相反的案例應該也有，但相信應該不多。

本章標題的前半雖是「價值中立」，但我們是從價值自由談起，因爲留德學者顧忠華教授認爲德文*Wertfreiheit*應該是價值自由或「免於判斷的自由」，而非「價值中立」。一開始，筆者也抱持著虛心受教的態度——當然現在還是——學習，既然有專家人士指正不懂德文的讀者某個重要字彙（概念）的本義，這是可喜可賀的事。然而，幾經分析之後，我們看到當年韋伯除了價值自由（或與之連結的「學術自由」與「開放社會」）之外，事實上，根據韋伯夫人描述，韋伯終其一生都極爲在意「價值中立」這個概念。簡言之，被錯譯的「價值中立」一詞反而重要，因爲此概念與「客觀性」有關。論道價值自由，亦有學者指出，事實上，我們所談的是百年前韋伯身處的時代，這個概念當時在其社會中應該有其重要性，否則韋伯無須大力傳播。身處於二〇一〇年代的我們，價值自由（或學術自由）就算重要，但還必須屢次拿韋伯的話重述給下一代學習嗎？筆者對此感到懷疑，無論學者到底是如何重新詮釋韋伯百年來的智慧。

再談談「價值中立」，這個在韋伯學說中十分重要的概念。他相當清楚知道，一位社會（科）學研究者，無可迴避的要進行價值判斷，在研究過程中，想要「不選擇」即使不是完全不可能，也是幾乎不可能。如果再加上韋伯最著名的概念工具理念型的操作，事實上，在建構理念型的初期，研究者就已經思考某個特定的結論。所以，可以這麼說，在研究的頭與尾，該位研究者已經進行價值判斷，也做了選擇，（通常是）爲了達到預想的結論。是故，這種「客觀性」經過斷頭去尾之後，還能稱之爲「客觀性」嗎？筆者深感懷疑。況且，這還得假定，在資料的處理、蒐集、整理，與分析的過程中，研究者依循所謂的「標準」程序進行處理，以達致「客觀」的境地，然而，眞的有這樣的「標準」嗎？我們又如何確定這種「標準」能爲大家所接受？此種「標準」眞的存在且不容懷疑嗎？

關於歷史研究，我們看到什麼是「歷史」，也瞭解了什麼是「事實」。簡單說，韋伯的東方（中國）是藉由他（挑選）的「事實」在其「現在的」與「過去的」之間不斷進行對話的結果。筆者認爲，他的「事實」確實是他所證明的那個中國的某個（或某些）面向，然而，倘使我們挑選出的「事實」與所想證明的某個時期的中國，那麼，我們心目中的中國——不同於韋伯的那一個——是不是也可能得以運用證據加以證明呢？筆者覺得，如果我們知道「歷史」是什麼，而「事實」又是什麼的話，這並無不可。

歷史（社會）學家告訴我們，研究者所抱持的價值與看待事物的觀點，無可避免會受成長背景、社會環境、周遭氛圍，或者所謂的時代精神所影響。當然，這很難證明。如果可以輕易地證明，那麼，只要研究者的時代背景相似，那麼，不就能夠斷定這些研究者的思維經常受到某個時代所流行的潮流所左右？但話又不能這樣說，否則，這世上對某些重要事件的看法應該不是太多，而只有少數幾種而已。這個問題不易回答，但筆者並不想逃避，而去專挑些簡單問題處理之。筆者想知道的是：十九世紀（或之前）歐洲的社會（科）學經歷了什麼思潮，對日後又有何影響？我們將在下一章討論。

◆註　解◆

[1] 數年前，筆者謝某亦犯同樣的錯誤，錯譯為「價值中立」，見謝宏仁，《社會學囧很大[1.0]》，（台北：五南圖書，二〇一五），第一一八頁。在此，感謝顧忠華教授的導正。

[2] 顧忠華，《韋伯學說當代新詮》，（台北：開學文化，二〇一三），頁六六、六八。

[3] 關於此點，我們在稍後的章節中會解釋得更詳細些。

[4] 關於理念型之執簡馭繁的能力以及其可能產生的問題，在前作中已闢專章討論，這裡就不再贅述。請參照，謝宏仁，第三章〈發展型國家「理念型」〉，《社會學囧很大[1.0]》，頁一〇三～一五一。

[5] Marianne Weber, *Max Weber: Ein Lebensbild* (Tubingen: Mohr, 1984), p. 328，引自張旺山，〈韋伯的「價值中立」概念〉，《政治與社會哲學評論》，第三七期，（二〇一一年六月），頁一～三八，頁一三、一四。

[6] Max Weber, *Collected Methodological Writings*, translated by Hans-Henrik Bruun (London: Routledge, 2012), pp. 344-347; R.K. Merton, "The Normative Structure of Science," pp. 267-278, in *The Sociology of Science*, N.W. Storer (ed.) (Chicago: University of Chicago Press, 1979/1942), cited in Michela Betta and Richard Swedberg, "Values on Paper, in the Head, and in Action: On Max Weber and Value Freedom Today," *Canadian Review of Sociology*, Vol. 54, Issue 4 (November 2017), pp. 445-455, p. 446.

[7] Max Weber, "Objectivity in Social Science and Social Polity," in Henry A. Finch and Edward A. Shils (tr. and ed.), *The Methodology of the Social Sciences*, (Glencoe, III.: The Free Press, 1949), pp. 50-112, cited in Piers Beirne, "Ideology and Rationality in Max Weber's Sociology of Law," Hugh Collins (ed.) *Marx and Law,* (Oxford Oxfordshire: Clarendon Press, 1982), pp 44-62, p. 51.

[8] Max Weber，《新教倫理與資本主義精神》，（北京：北京大學出版社，二〇一二）。

[9] Talcott Parsons, "Evaluation and Objectivity in Social Science: An Interpretation of Max Weber's Contribution," *International Social Science Journal*, Vol. 17, No. 1 (February, 1965), pp. 46-63, 50-51.

[10] Parsons, "Evaluation and Objectivity in Social Science," p. 50.

[11] Martyn Hammersley, "Provoking Misunderstanding: A Comment on Black's Defense of Value-Free Sociology," *British Journal of Sociology*, Vol. 65, Issue 3, (2014), pp. 492-501, p. 497.

[12] 華勒斯坦（Immanuel Wallerstein）於一九七〇年代創立世界（經濟體系）學派（The Modern World-System School）強調社會學與歷史學並無不同的邏輯，二者在同一個學術領域，無須再細分，筆者同意此看法，認為這領域即歷史社會學，是故，在本文中使用「歷史學家」一詞，與「社會學家」、「歷史社會學家」（或「歷史（社會）學家」均為同義詞。

[13] Robin. G. Collingwood，黃宣範譯，《歷史的理念》[*The Idea of History*]，（台北：聯經出版社，一九八一），第一三四頁。

[14] 十九世紀除了實證主義影響了歷史學之外，在研究議題上，一個歷史主義者亟欲知道答案的問題是：西方（特別是英格蘭）為何而興起？另一面則是：東方（特別是清中國）為何衰退？針對這個問題，本書稍後會詳細討論。然而，本文覺得，這種問題（或稱「框架」）一旦設立，研究者似乎只能尋找「合適的」且「重要的」歷史「事實」擺進該框架裡頭，其他座落於框架之外的證據將很難——如果還有可能的話——被研究者青睞。

[15] Collingwood，《歷史的理念》，第一三五頁。

[16] 與經驗性事實不同，在科學裡，發生的情況是可以加以重現，在實驗室裡可以重複進行，但歷史「事實」卻不相同。本文在「事實」二字加上引號，主因在於某個歷史「事實」其實是經過歷史學家重建過的事件，充其量，這一「事實」只能趨近於某歷史事件，而不可能是當時發生之事件的完整重現，換句話說，這是重建過的「事實」。之後，「事實」表示著它不可能完全等同於當時發生的情形。然而，只有經過重建，歷史才能再現。

[17] 孔德是提出「實證主義」這個名稱的第一人，其目的「在於為社會的研究建立科學的方法」，他認為有關社會的知識是從「神學」發展到「哲（玄）學」，再臻「科學」的境界。請參照，洪鎌德，《全球化下的國際關係新論》，（台北：揚智出版社，二〇一一），第一九頁。

[18] Collingwood，《歷史的理念》，第一三五頁。

[19] 前揭書，頁一三五、一三六。

[20] 在稍後章節中，我們會再談到這個議題。

[21] 這一點與韋伯不同，在先前章節中，我們提到過韋伯的法律社會學中的四大法律類型是如何演展，其進化觀相當明顯。

[22] Collingwood，《歷史的理念》，第一三六頁。

[23] 前揭書，第一三四頁。

[24] 前揭書，第一三七頁。

[25] Parsons, "Evaluation and Objectivity in Social Science," p. 58.

[26] Collingwood，《歷史的理念》，第一三八頁。

[27] 事實上，資料的蒐集可能受到研究者價值判斷的影響，進而（刻意選擇，或「片面強調」）看到某些符合自己假設的證據，而還擇略去那些不符合的、但確實發生過的（歷史）「事實」。華裔學者黃宗智（Philip C.C. Huang）為了解釋近代中國的衰弱與西歐（英格蘭）的興起，他特別研究明清時期長江三角洲的小農之貧苦生活。根據分析，貧苦的主因是在長達六百年裡，所謂的邊際生產力沒有提升，不像英格蘭那樣的成長，所以，他選擇許多地方志對農民貧苦狀況的描述，以佐證其論述。但事實上，在明清時期，絲綢—白銀（silk-silver）貿易為中國賺取大量美洲白銀，這是因為中國在近代手工業技術領先全球，促進中國經濟繁榮。黃宗智為了使其假設得以成立，經由「片面強調」小農的清苦生活，在資料的蒐集過程中，只選擇農民生活不順遂的證據，而刻意「不解釋」長江三小洲仍有不少小農因為「力田致富」的實狀。是故，在資料蒐集過程仍會受到價值判斷的影響，雖說如此，但資料分析仍可能具有高度「客觀性」。關於黃宗智對於明清時期長江三角洲的小農生活與鄉村發展，請參照，Philip C.C. Huang, *The Peasant Family and Rural Development in the Yangzi Delta, 1350-1988*,（Stanford, Calif.: Stanford University Press, 1990），Vincent H. Shie, "Framing the Local and the Global: Jiangnan in Regional and Global Circuits, 1127-1840（Re-evaluating Philip C.C. Huang's *The Peasant Family and Rural Development in the Yangzi Delta, 1350-1988*），《輔仁大學社會學系研究初探論文系列》，第十六期，（二〇〇六年一月），頁一～四六。

[28] 洪鎌德，《全球化下的國際關係新論》，第一八頁。

[29] Timothy Brook，〈資主義與中國近（現）代的歷史書寫〉，《中國與歷史資本主義：漢學知識的系譜學》，

（台北：巨流圖書，一九九三），頁一四七～二〇四，頁一五〇～一五二。另外，這個論點，筆者謝某已在前者討論過，希望還不至於有囉嗦之感。請參照，謝宏仁，《社會學囧很大[1.0]》。

[30] Max Weber，《中國的宗教—儒教與道教》，（台北：遠流出版社，一九八九），引自顧忠華，《韋伯學說當代新詮》，第一〇三頁。

[31] 全漢昇，《中國經濟史論叢》，（台北：稻禾出版社，一九九六）：全漢昇，《中國經濟史研究（下）》，（台北：稻鄉出版社，一九九八）：謝宏仁，《顛覆你的歷史觀：連歷史老師也不知道的史實》，（台北：五南圖書，二〇一七）：Arturo Giraldez, *The Age of trade: The Manila Galleons and the Dawn of the Global Economy*, (New York: Rowman & Littlefield, 2015).

[32] 陳婷，《盛世中國—康雍乾盛世》，（北京：中國華僑出版社，二〇一五）。

[33] 顧忠華，《韋伯學說當代新銓》，第一〇三頁。

[34] 顧忠華，〈資本主義「精神」在中國：韋伯學說的當代意義〉，《政治與社會哲學評論》，第二六期，（二〇〇八，九月），頁一～五四，頁二一、二三。

[35] 顧忠華，《韋伯學說當代新詮》，第一八七頁。

[36] 關於「價值自由」（*Wertfreiheit*）這個中文翻譯，並非所有人都能意之，因為懂中文的人直覺判斷這個詞聽起來不太像是中文。張旺山認為，一般來說，"*Wert*"是「價值」，"*freiheit*"是「自由」，但價值自由一詞令人不知所云。不過，張旺山也（部分）同意，將"*Wert (urteils) freiheit*"譯為「免於價值判斷的干涉的自由」，這像極了顧忠華所譯之「免於價值判斷的自由」，兩者的差別只有「干涉的」這個形容詞。本文覺得這兩者的意思相當接近，可視為相同，是故沿用顧氏之翻譯。不過，張旺山提到，學者普遍將「科學研究必須是價值中立的」理解為：「科學研究必須對種種價值（或價值判斷）採取中立」的立場。而所謂的「種種價值」包括了政治偏好，張旺山提到中文「價值中立」與「政治中立」直接相關。當然，韋伯心中所想的「價值中立」不僅是「政治中立」而已。請參照，張旺山，〈韋伯的「價值中立」概念〉，頁一四、一五。

[37] Betta and Swedberg, "Values on Paper, in the Head, and in Action," p. 446.

[38] 顧忠華，《韋伯學說當代新詮》，第一八八頁。

[39] 「價值中立」一詞，德文為"*Wertneutral*"而非"*Wertfrei*"。請參照，張旺山，〈韋伯的「價值中立」概念〉，

第一五頁。

【40】顧忠華，《韋伯學說當代新詮》，第一八九頁。不過，關於顧氏的「價值冷漠」一詞，若是不詳讀前後文，就連華人恐怕也不易猜出原意。但本文無意追問。

【41】Karl Polanyi（博蘭尼），馮銀江、李雪茹譯，《自由的邏輯》，（長春：吉林人民出版社，二〇〇二），第三六頁，引自顧忠華，《韋伯學說當代新詮》，第一八九頁。

【42】顧忠華，《韋伯學說當代新詮》，第一八九頁。

【43】關於制度化的「自主組織」應該如何架構，以因應對內與對外方面，韋伯並未多加探討。請參照Schluchter，《超釋韋伯百年智慧》，第二〇六頁。

【44】或許，我們應該再提一個顧忠華的看法，以免有所闕漏。顧氏強調「責任倫理」這一概念。他認為，價值自由若不放在「責任倫理」的框架中，那麼，價值自由就容易淪為一種「不負責任的遁詞」，他對社會科學社群亦有期待，一如韋伯，他說，「科學社群」應該提高對「責任倫理」的「自覺度與敏感度」，如果沒有此種「自律」的保證，那麼，科學的成就必然大打折扣。請參照，顧忠華，《韋伯學說當代新詮》，第一九八頁。然而，如前所述，享受價值自由的保證（大多）來自學者的「自律」。當然，「自律」的確重要，但問題是：那時候，難道韋伯就沒有其他的想法了？

【45】Wolfgang Schluchter，顧忠華、錢永祥譯，《超釋韋伯百年智慧：理性化、官僚化與責任倫理》，（台北：開學文化，二〇一三），第二一六頁。

【46】顧忠華，《韋伯學說當代新詮》，第一八七頁。

【47】Pietro Rossi, "Scientific Objectivity and Value Hypotheses," *International Social Science Journal*, Vol. 17, No. 1 (February, 1965), pp. 64-70, p. 66.

【48】*ibid*. p. 66.

【49】Wolfgang Mommsen, *Max Weber, Gesellschaft, Politik, und Geschichte*, 2 (Aufl. Frankfurt, 1982), pp. 223, 224, 引自顧忠華，《韋伯學說當代新詮》，頁九九、一〇〇。

【50】Parsons, "Evaluation and Objectivity in Social Science," p. 53.

【51】*Ibid*. p. 53.

[52] Parsons, "Evaluation and Objectivity in Social Science," p. 49.

[53] Albrow, "Legal Positivism and Bourgeois Materialism," p. 14, 15.

[54] Collingwood，《歷史的理念》，頁二〇七、二〇八。

[55] John W. Petras and James E. Curtis, "Max Weber Today: Notes on the Problem of Objectivity in the Social Sciences," *Sociological Focus*, Vol. 4, No. 2, (Winter, 1971), pp. 15-24, p. 21.

[56] Parsons, "Evaluation and Objectivity in Social Science," p. 51.

[57] Hammersley, "Provoking Misunderstanding," p. 497.

[58] Edward H. Carr, *What Is History?* (New York: Palgrave Macmillan, 1961), 2nd edition 1986, with a New Introduction by Richard J. Evans (2001), p. 24.

[59] Schluchter運用反面的手法解釋價值自由，他認為與價值自由不牟者是那些想利用科學來「宣傳政治、倫理、美學，文化或其他信仰（*Gesinnung*）……」。請參照，Schluchter，《超釋韋伯百年智慧》，第一九六頁。

[60] 前揭書，頁一七四～一七六。

[61] Collingwood，《歷史的理念》，第一四〇頁。

[62] Parsons, "Evaluation and Objectivity in Social Science," p. 51.

[63] Collingwood，《歷史的理念》，第一四〇頁。

[64] 謝宏仁，《社會學囧很大[1.0]》。

[65] Edward H. Carr, *What is History?* (New York: Palgrave Macmillan, 1961), p. 114, with the Introduction to this edition by R.J. Evans in 2001.

[66] Gunnar Myrdal,*An American Dilemma*, (New York: Harper and Row, 1944); Myrdal, *Values in Social Theory*, (New York: Harpers, 1959)，引自John W. Petras and James E. Curtis, "Max Weber Today: Notes on the Problem of Objectivity in the Social Sciences," *Sociological Focus*, Vol. 4, No. 2, (Winter, 1971), pp. 15-24, p. 22.

[67] David M. Trubek, "Max Weber's Tragic Modernism and The Study of Law in Society," *Law and Society Review*, Vol. 20, No. 4 (1986), pp. 573-598, p. 582.

第三章　歷史研究、歷史主義與理念型之糾葛

學者應該如何提高研究的重要性呢？若眞有個心照不宣的好辦法，那就是：直接與大師對話，也不曾問過大師的意願如何。而這倒像極了近來筆者的所作所爲。在未衡量個人能力以前，就不自量力的決定與古典社會學大師韋伯進行對話。而且，出人意料地，愈是批評韋伯，興致愈是高昂。表面上，儒士——也包括筆者謝某本人——口口聲聲宣稱自己討厭競逐名利，但若可藉由與大師對話而浪得虛名的話，那麼，連好名聲都會自動找上謝某。因此，研究的重要性自不在話下。不過，研究未必非定得以這樣的方式才能開始，或許還有其他的可能呢！

無論今昔，在攻讀學位的過程中，或是在進行學術研究時，我們會被告知、甚而要求，必須與這領域的重要人物，甚至是大師級人物進行對話，似乎唯有如此，我們才能吸收這些重要人物的眞知灼見，領略其菁華，才不枉費時間與力氣獨自摸索。也因此，當我們閱讀許多論文，其內容總是圍繞於某些人的觀點，這也是大師之所以爲大師的理由吧！不免俗地，這些年來，筆者所撰的文章看來也是如此，不過，有時候還是希望自己多少能

提出一些不同的想法與作法。在本章一開始，或許就是個值得嘗試之處方。

筆者在二〇一八年秋季——也就是上學期（二〇一八年九月～二〇一九年一月）——所開授的學士班課程「社會學囧很大：看大師韋伯如何誤導人類思維」（簡稱「社會學囧很大」），在學期終了之際，（當時是）二年級學生廖英竹所撰之期末報告，其標題是〈從史學研究看「理念型」到底可不可行？〉[1]，這題目看起來便很直率地提出一個問題，相信受到韋伯學說吸引者，應該會同感興趣才是。筆者也確實認爲，在文章中有些看法值得討論。當然，如此一來，日後極可能遭受到以「嚴謹」著稱的學者們批評，而且，相信會是毫不留情地，那麼，筆者也只得承受，雖然，這種後果可能難以避免，但索性就「將錯就錯」（或「將計就計」）。本章結構安排如下，首先，從一篇具有啓發性的期末報告開始；其次，略談歷史研究與理念型兩者間的關係，包括歷史研究與理念型二者之間可能存在的內在衝突；第三，討論中國——東西方歷史比較研究中之重要個案——與歷史主義的關係，兼論作爲歷史學家的韋伯；最後，總結本章的發現。

一篇期末報告的啓發

冒著可能被譏誚乃至「圍剿」的風險，筆者一反常態地由一篇學士班期末報告起頭。

相信多數治學謹慎的學者們對此會嗤之以鼻。當然，謝某內心則是希望擁此信念者，也能擁有半數（或至少三分之一吧！）批評筆者的力道，來質疑大師韋伯的說詞。雖然道理可能太過簡單，以致於絕不可能說服思維方式極爲縝密的學者，但筆者認爲，問題的癥結在於：韋伯沒能讀懂中文文獻，甚至根本沒看過，所以，他對中國——特別是所謂的「傳統」中國——可能產生誤解[2]。當然，本文無意指責韋伯，畢竟，當時的研究者也深受時空因素所限，在當時連電腦爲何物、沒有微縮膠卷、只有轉盤電話、互聯網不存在的世界，這樣的學習環境，是二十一世紀初的讀書人所無法想像的。另外，筆者選擇如此做的原因，是意圖證明「教學相長」確實是有機會發生的，縱使從前謝某並不大相信這種說法。但言歸正傳，有時，即使想像著日後被當成過街老鼠的狼狽模樣，筆者覺得還得嘗試新的作法。因此，讓我們先來看這位大學生的想法。

首先，或許只是一位社會學的初學者（稍嫌）天眞的想法而已。廖英竹同學認爲在進行歷史研究時，應該避免「事先對研究問題的解答有預設的結果」，因爲如此一來，研究者「尋找資料的方向」與「對史料的選擇」將無可避免地受到其預設結果之影響，導致喪失「客觀性」與「可信度」。反之，研究者要做的事，乃是經由廣泛地閱讀「可信的史料」與「不同的觀點」，進而「建構起整個研究目標的全貌」，研究過程本身就是一個循序漸進、摸著石頭過河的探索過程，到最後答案才能「呼之欲出」[3]。上述的研究過程，乍看之下，似乎合理。歷史研究如此踏實進行，答案終究會出爐。理想上也應該如此。然而，更可能的情形是，研究者在茫茫書海、難以計數的歷史「事實」陳述中失去了「方向」，而演變成「事實」的考證，反而說不清研究的重要性。簡單說，研究者到底想知道什麼？難道只是想知道某個歷史「事實」的眞實性到底如何嗎？應該不是。所以，這類「歷史研究」到底缺少什麼？韋伯的理念型[4]——此概念工具與前一章所討論的「價値關聯」難以區隔——或許提供給我們答案。這裡，我們先回顧一下理念型這項概念工具。

關於理念型，廖英竹同學引用顧忠華的說法，顧氏說：「理念型是研究者心中的一把量尺，他從一個特定的觀點出發，建構出邏輯上首尾一貫且不互相矛盾的思想圖像，在這個圖像裡，事實的某些特徵被充分的（地）顯像出來，另一些次要的性質則被省略……」[5]。廖英竹繼續解釋道：「（如此的話，）一個研究者在做研究時，只需要透過自由心證，找到一些支持自身觀點的事物，然後「片面強調」這些和自己所持理念相同的部分，其餘皆不重要可以忽略，這樣就可以爲自己的學說、理念做佐證……（作爲）研究的方法，理念型不免顯得有點太過簡略、草率，這讓人無法相信」[6]。關於這段話，筆者認爲，廖英竹同學所言的「自由心證」與先前的章節所討論的韋伯之「價値關聯」有關，如果我們將之視爲（某）一種觀點的話，換言之，顧忠華所說的「一把量尺」也好，廖英竹所說的「自由心證」也罷，都與研究者的價値判斷有關。當然，在經過「片面強調」

之後，某種特性將被張顯出來，其他的特性則被繼續掩蓋，直到（再）被挖掘出來的那一天。簡單說，經過價值判斷之後，研究者所偏好之事物容易被凸顯，而其偏惡的部分相對地容易遭到忽視。雖然這樣的擔心不一定會發生，但確實是在理念型的操作容易出現的問題。可想而知：顧忠華——身爲韋伯的（狂熱）粉絲——即使知道韋伯可能犯了以上錯誤，但他也應該不願意去批評韋伯。剛進入社會學系的廖英竹在她的期末報告中，倒是表現其初生之犢不畏虎的膽識呢！

筆者並不否認，這樣的看法對於一位（歷史）社會學界者的初學者來說，其實有點早熟，因爲這樣的想法（可能意外地）點出理念型與歷史研究之間可能的內在衝突。下一小節中我們就會討論。無論如何，廖英竹的說法確有討論的價值。不過，我們先來看這篇期末報告當中還有什麼論點，可以啓發我們產生一些新的想法。

其二，我們知道韋伯試著解釋西方爲何興起（相對於東方的衰弱）？他提出的原因是西方擁有東方所欠缺的資本主義。而資本主義之所以產生，則是宗教改革之後的非預期結果。具體而言，是喀爾文教派的信徒爲了證明自己是上帝預選的子民，經由努力賺錢來榮耀上帝，於是進入「理性化」過程。對於韋伯而言，這是西方社會之所以「獨特」的原因。廖英竹述及此乃人類的本能與天性所驅使，她的說法頗具批判力，她認爲：

西方之所以會有資本主義是因爲新教徒，新教徒因信奉喀爾文教派，而受到喀爾文教派預選說的影響，爲了榮耀上帝而努力賺錢，這樣的看法不免讓人認爲太過簡略。生活在使用金錢交易的社會，沒有任何一個宗教的信徒可以不用賺錢來養家活口，並且大部分人類天生就是慾望無窮的，很少有人會不願意擁有太多財富……相信當時生活在西方世界且努力賺錢的人民不只有喀爾文教派的信眾，因此單用一個信奉喀爾文教派的理由當成西方世界有資本主義的原因（……是）認爲太過片面以及主觀[7]。

關於廖英竹的說法，她認爲韋伯所堅持者爲：喀爾文教派的「預選說」，信徒乃是爲了「榮耀上帝」而努力賺錢，在非預期的情況下，資本主義於焉產生，此種說法過於簡略；而認爲，人們爲了討生活，或提升（物質）享受，都會想要努力賺錢。筆者認爲，廖英竹所言不無道理。當然，韋伯是一位社會學家，理應提出證據說明在新教徒居住之處，生活理當優於其他派系、宗教的教徒。關於這一點，本書在下一章，也就是第四章詳細討論。不過，現在先行簡單回應學生廖英竹的說法。

廖英竹認爲努力賺錢的人應該未必全是信奉基督新教。當然，喜歡賺錢這件事可能與天性有關，而不一定與所屬教派有關，筆者同意這個說法。不過，在此本文再提一種與社會結構相關的說法，再加上本文質疑喀爾文教派「預選說」催促信徒努力經商賺錢這類說法。首先，我們學習總是喜歡將人類複雜的問題加以簡單化——這有點類似社會學家藉著操作「理念型」來瞭解過於晦澀難懂的歷史「事實」或是社會現象——的經濟學家們，運用建構簡化的模型來解釋（有時是推論）不易理解的經濟行為。我們以天主教輔仁大學旁的五一四巷的早餐店為例，原本在這條巷子裡已經有十一家早餐店（包括四家中式、三家西式，二家中西混合式，加上二家賣飯糰的路邊攤），後來，第十二家在競爭已經相當激烈的地段開張。雖然這十一家的老闆或許不會明說，但心裡總會想到，這家新的早餐店總會跟大家分一杯羹，因此得想辦法來應付這個新的「戰局」才行。當然，新開張的店家也想從消費者總消費量大致不變的條件下，吸引更多的顧客上門，所以，在彼此競爭關係下，若僅求讓營業收入大於成本，賺取能維持家計的利潤，不至於從競爭狀態下失利，被掃出五一四巷，店家就必須努力設法賺錢。如此一來，這還需要什麼經濟倫理來鼓勵人們不斷追求利潤？現在的情形如此，那麼，在四、五百年前呢？競爭關係不也是如此？只是賣的商品貨物有所不同罷了，或者再加上支付的方式有些差異。一家簡單的早餐店的加入，就讓我們看到社會結構——具體而言，是競爭關係——本身也能驅動人們追求利潤，其效果還未必比某種經濟倫理差。

其次，本文略談喀爾文教派的預選說。韋伯告訴我們，預選說使信徒在內心產生緊張感——而這是儒教倫理無法促使其「信徒」產生這種心思——因為信徒無法確知自己是否成爲上帝預選的子女，也就無法確知自己在死後能否獲得救贖。這就造成新教徒不得不（只）藉由累積財富來榮耀上帝，因爲在新教徒大伙兒在所累積的財富（與無可避免的虛榮心）上較勁，爲資本主義的起源累積第一桶金（當然第二桶金可能與宗教改革無甚關聯，韋伯是這樣告訴我們）。筆者有以下的疑問，藉此一提，當然，韋伯可能沒有答案，但韋伯的支持者可能會有，這頗令人期待。第一，何以新教徒不去懷疑怎麼會只有用錢才能夠榮耀上帝這件事呢？難道沒有其他的方式？假設眞的只有努力賺錢一途，那麼，到底要賺多少錢才有資格讓自己相信是上帝的選民呢？再者，（應該）占大多數的相對沒那麼有錢的新教徒是不是就無法證明自己是上帝所選取的人呢？應該是。難道喀爾文教派只爲有錢人服務嗎？

第二，對韋伯及其支持者而言，這恐怕更加難以解釋。曾經，荷蘭所謂的「中產階級」市民，在掙取巨額利潤之前，不顧道德譴責，讓奴隸制度遍及整個加勒比海地區，而且，與後來更大的奴隸販子——英國東印度公司——信奉英國國教不同，荷蘭這個國家乃是信奉喀爾文教派[8]。我們不能確定韋伯是否知道稍早之前，在荷蘭有一些相對有錢的新教徒也在買賣非洲奴隸，其中少數人躋身資本家，也就是（西方）資本主義的重要推手，換言之，這些人在西方的「理性化」過程中扮演重要角色。不過，可以確定的是，韋伯「相信」這些人是當時歐洲最有錢的人，韋伯也「相信」這裡是世界會唯一產生資本主義的地區，但本書在下一章（第四章）將證明這樣的看法仍待商榷。

關於廖英竹上述的說法，本文先行簡單回覆到此，其他部分，像是歷史研究與理念型的操作兩者之間是否存在「（內在）衝突」，則需要花費更多的篇幅來討論，本文稍後再談。

歷史研究與理念型

如果我們說韋伯擅長於歷史研究與理念型的操作，反對的人應該不多才是；如果進一步說，在操作理念型時，研究者應該經常與歷史「事實」（經驗「事實」）對話，反對的人也應該不會太多，不少學者也能接受這種看法，他們——也包括筆者本人，特別是在幾年前——贊成理念型與歷史研究之間的對話應該持續進行[9]。但眞的應該如此嗎？經驗事實眞應該與理念型持續對話？還是兩者間存有內在衝突呢？假使，韋伯眞心希望自己、其支持者，甚至於所有學習社會（科）學者都贊成持續地讓歷史研究與理念型進行對話，期望能使理念型與歷史研究之間的衝突得以解消。但實際上這兩者間的衝突，源自於研究者於研究進行的初期即已選定某種觀點，而這正是價值關聯的議題，本書在前一章曾花些時間說明，在這小節中會更進一步談論。但簡言之，本節旨在說明，即使筆者並不反對歷史研究與理念型之間的持續對話，因爲這畢竟不是壞事，然而由於理念型的建構與價值關聯根本無法切割，再加上研究者其實能夠選擇符合其理念型的解釋框架，也因此「對話」變得可有可無，因爲詮釋架構早已形成。本節在此，再分幾個小點，首先略微思索理念型（態）並非是歷史實體；其次，檢視歷史研究與理念型的衝突，第三，探討「價值關聯」與「理念型」兩者難分難解的關係；第四，討論理念型所謂的純粹唯名性質；最後，探討韋伯所謂的二元對立式的理念型，特別是運用在東、西方歷史比較研究的分析之上。

理念型與歷史實體

或許，我們得先回想一下理念型這個概念工具。在筆者先前書中曾提到理念型的幾個重點：第一，研究者可憑自己心裡面的那把量尺——這與該研究者的價值關聯、價值判斷無法切割——經由片面強調某些要素之後，能更清楚地覺察社會行動與歷史結構。第二，誠如Hart Kaelble所言，關於理念型的操作，其前提是：研究者理應具備廣博的知識才行，並且，由價值關聯所型塑的觀點亦必須準確，爲達此研究目的，研究者必須使理念型與經驗事實二者的對話持續不輟[10]。第三，因爲持續對話必須存在，遂可以推論到理念型——就像是理論那般——不是「靜止」的，而是一個不斷被修正的過程，理念型並非停滯的概念工具，如此的話，理念型才能經得起考驗[11]。簡單說，理念型的功用不小，它讓研究者擁有「執簡馭繁」的功夫，能讓人從紛雜繁複的社會現象中看出端倪，進而加以分析，乃至通盤瞭解，還能自信滿滿地告訴別人到底發生何事？

若要檢驗理念型與歷史研究二者的關係，那麼，開門見山地說，梁中偉曾經在一九八〇年代華文學術圈可說是第一次「韋伯熱」風潮下，當時的《史學評論》於一九八五年十月出版《韋伯學術與歷史研究專號》，裡頭論及理念型與歷史研究兩者間的關係，言簡意賅地宣稱：「理念型態（理念型）本身不是歷史實體，理念型的發展建構也不是經驗歷史過程」[12]。這裡，我們先看看韋伯是如何藉由忽視歷史實體而保持其理念型——「傳統主義」在中國——的邏輯一致性，也看見支持者是如何爲韋伯解套。稍後，本文會再度討論「理念型」本身暗藏哪種難解的問題。所以，當我們發現理念型可說是研究者心中理想的圖像，只要忘卻了歷史研究，將研究者認爲不重要（但其他學者認爲重要）的歷史事件遺忘在某個角落，那麼，這個理念型可說是完美的，特別是當其他人對歷史研究以及被遺忘的事件也興趣缺缺的時候。

以下，我們看看韋伯勉強將「傳統主義」理念型套用於中國——特別是「傳統」中國——呈現出來停滯、落後，與倒退等特質，這種的詮釋框架是如何讓歷史實體暴露於框架之外，而難以符合理念型所要求的模樣。

先前，我們提及華文學術圈裡可稱之爲韋伯粉絲的代表人物（之一）的顧忠華教授，即便他知道韋伯試圖以「傳統主義」理念型，來涵蓋所有發生在中國的歷史「事實」，乃是有問題的。顧氏——身爲韋伯的頭號粉絲——仍然執意選擇不去批評韋伯！剛進入社會學系的廖英竹在她的期末報告中，倒是表現其無所畏懼的膽識呢！

這裡，我們或許可以再花時間來看顧忠華教授如何爲韋伯（和自己）辯護。我們先前才討論過，無論中國在當時全球經濟的表現究竟如何。韋伯仍然堅持將十七、十八世紀明清中國的人口與貴金屬的增加視爲資本主義無法發展的阻礙，這是因爲——如顧忠華教授所言——韋伯在《中國的宗教：儒教與道教》一書中明顯地發生「理念型本身」的矛盾。顧氏認爲，因爲韋伯想「要以對理性主義的類型論與社會學作出一點成績爲目的」，並藉由深究世界主要宗教文化「所可能的最理性的形態爲出發點」，但韋伯似乎並不很成功，於是顧氏繼續說道：無論是「氏族組織」、「政治、經濟、法律」的歷史形態裡頭，只要與「傳統主義」理念型接近者，無一不被韋伯逐項挑選，進而「整合爲中國社會的基本性格」[13]。看起來顧氏雖然是韋伯的支持者，然而，其研究似乎還努力秉持追求對客觀性，因爲他發現韋伯的說法好像不易解釋十七、十八世紀中國經濟發展的實狀呢！但可惜顧氏的研究並未繼續深究。也就是說，不只韋伯沒有，也無法提供歷史證據來說明十七、十八世紀中國經濟發展的概況，連顧忠華也因爲堅守著中國受到「傳統主義」束縛，而導致資本主義無法產生，處於停滯的狀態。

顧忠華既知韋伯操作理念型時所產生的矛盾，筆者（也許與其他讀者們）以為他會提出歷史證據來補足韋伯所留下來的缺漏，可惜沒有。顧氏反而接受韋伯的中國傳統主義阻礙著發展資本主義的說詞，這讓人感到意外，但又不能不接受，因為顧氏以幾個簡單的句子來表達（幾乎）百分之百認同韋伯說法的態度。他總結道：「一言以蔽之，處在『傳統主義』的全面籠罩下，中國文化無法內在的〔地〕自行迸放類似近代西方的『理性化』動力。『傳統主義』既是研究對象，卻也提供了中國歷史上之所以未能產生資本主義的**因果解釋**〔粗體為筆者所加〕」[14]。看起來，顧氏對韋伯理念型產生的問題「批評」顯然不具效果，相反地，還更加熱情地擁抱韋伯的「傳統主義」對資本主義所造成的壓抑。但以下歷史「事實」[15]將說明，不僅讓明朝中國在絲綢與瓷器產業技術保持領先而已，並且，所謂「傳統主義」下的中國「傳統」權威（支配類型），在欠約「資本主義」下還能在國際貿易上長期保持順差，這反倒讓西方世界覺得羨慕不已！

先前，我們提過清帝國康雍乾百餘年盛世——這倒可以說明當時貴金屬與人口的增加——的概略情形，當時主要是白銀的增加。若我們將時間往前推一點，到十六世紀末、十七世紀初，此時，正是明朝第二次經濟繁榮的時期，當然，這與橫越太平洋的「白銀—絲綢貿易」有關。簡單說，太平洋的東岸需要西岸的絲綢，西岸則需要東岸的白銀，這條海上絲之路，延續長達兩百五十年，爲長江三角洲及明清中國的帶來富庶並提供厚實的財政基礎，影響中國與世界經濟甚鉅，這可說是中國在絲綢產業領先全球的鐵證[16]。可惜，韋伯及其支持者堅持「傳統主義」作祟，讓「傳統」中國看來停滯不前。現在，我們再來看另一個例子，與韋伯極感興趣的法理型權威有關。明朝帝國的中國在其萬曆年間（一五七二～一六二〇）的「帶領」之下經歷第二次的經濟繁榮時期，而且，因爲萬曆皇帝在預立王儲的過程中得不到大臣的認同，於是長期不願意上朝問政，庶務幾乎都由首輔張居正負責[17]。也就是說，在中國法理型權威的支配類型底下，官員各司其職、各盡其責，即使皇帝缺位，其代理人依然可以在既定的法制底下達到社會穩定、經濟成長的目標，而這不是韋伯讚譽有加的支配類型嗎[18]？也許，中國「傳統主義」下的法理型支配不同於西方韋伯所見者，但就效果而言，前者似乎不亞於後者。

華文世界中，社會學家也好、歷史學家也好，或是歷史社會學家，眞心接受中國因爲「傳統主義」這一理念型而導致經濟力衰退、法律制度停滯、國力不前的學者不在少數[19]。然而究其實，這只是學者們相信西方的漢學「專家」——以頭號中國通費正清[20]爲代表人物——所描繪者，在一八四二年之前的「傳統」中國不值研究，非得等到西方人將「現代性」帶入中國，「傳統」中國才能開始蛻變。說得籠統些，「社會學家」不願意花時間多研究過去的歷史事件；「歷史學家」則懶於將時間爲過去令人悲傷的歷史事件所占據。

於是，東方（或非西方）的知識分子一看到大師——例如韋伯——看似精巧的概念工具（像是理念型）就打算投入畢生精力追隨，即使是明知道大師也會犯錯，卻又當作沒瞧見。具體而言，即使顧忠華發現韋伯僅僅用其「傳統主義」這個理念型，就企圖涵蓋所有在中國所看到的事物卻感到力不從心。顧氏（可能）亦因爲韋伯是大師級的學者，而不敢（過度）批評，此時，如果我們再拿初登版的學生廖英竹與之相較的話，後者的確有過人之處。

歷史研究與理念型的衝突

剛才我們談過，不少學者建議，爲了能讓理念型更臻完美，不斷與經驗事實對話，似乎是不二法門，只是這「法門」的後面眞的有個完美的理念型嗎？乍看下似乎如此，但事實未必這樣。因爲，歷史研究與理念型可能存在難解的矛盾或衝突。本文在這小節中，檢視這兩者間是否眞有難以跨越的鴻溝，或者即使最終找到一條可以跨越的小橋，沿路也將佈滿荊棘。本文目的在於說明即使「對話」確有效果，但兩者間的衝突卻可能是根深蒂固的。不過，筆者怯於直截了當地說：「歷史研究與理念型之間無須再對話了」，這乃是筆者仍力有未逮。以下，分五點分析歷史研究與理念型之間可能有內在衝突，對話未必能產生顯著助益。

首先，理念型是藉著「價值關聯」而建構的「詮釋框架」（interpretive scheme），讓吾人可以在浩瀚的實體之中，瞭解某面向之「意義」[21]。其好處能夠簡化複雜的社會現象與歷史結構，也就是一般所說的「執簡馭繁」。但既然是在某種（某些）「價值關聯」下，建構其解釋框架，所產生的理念型，那麼，研究者所抱持的價值，必須能與某種理念型相吻合。當然，理念型會是完美的，因爲這是研究者「自由心證」的結果，一如廖英竹所言。在先前分析中，我們看到韋伯在他的「價值關聯」底下，建構出一種法律進化論的詮釋架構，從最低階到最高階依序是：形式不理性、實質不理性、實質理性，與形式理性的法律。清楚得很，從「不理性」進化到「理性」法律乃是韋伯熟知的理性化過程之一部，但爲何形式理性優於實質理性的法律呢？韋伯既沒有回答，應該也無法回答吧？應該是德國民法屬於形式理性的法律這個原因，但又讓德國的學者不好意思承認了。

另外，雖然本文覺得韋伯所遺留未決者，其實並非「英國問題」，而是「中國問題」。也就是說，雖然筆者認爲「中國問題」才是韋伯所留下的問題當中最重要者，但不少學者仍然堅持是「英國問題」。假定我們贊成這個「英國問題」的存在理由，是英國大體上被認爲是資本主義最發達的國家（之一），然而其法律卻非形式理性者，意思是：韋伯在其「價值關聯」下所建構的理念型無法解釋經驗事實。不過，因爲大師韋伯的粉絲無論如何也繼續死忠兼換帖地支持其偶像，所以，當韋伯建構出來的理念型難以解釋歷史「事件」時，該怎麼辦呢？不是建議他們繼續「對話」而絕不氣餒嗎？事情好像不是這樣。當與歷史事實相左時，又有其他的說法，像是「純粹唯名性質」，意思是，理念型描繪的某種類型是虛構的，現實之中無法找到對應之物。換句話說，當理念型可以解釋經驗事實的時候，大家都覺得理念型是相當好用的工具，但是當它不符合歷史事實的時候，又說，找不到也是應該的。這不是很奇怪嗎？這個話題稍後會繼續討論。

其次，歷史「事實」是研究者在今昔間不斷進行的對話。那麼，當一位研究者在尋覓「價值關聯」，筆者認為，這與該研究者「價值判斷」（或「自由心證」）有關，先行將解釋框架（或「詮釋架構」）設定完成，事先完成心中所謂的「理念型」（或「理想型」），那麼，他想在浩瀚的世界歷史中找到符合其建構的解釋框架也就應該不難了。當韋伯在解釋西方「獨有的」資本主義時，不就找到他的歷史「事實」，來證明在其他文明中無法找到類似於新教倫理的經濟倫理？因此，不可能像西方一樣產生資本主義，自然就不可能像西方一樣發達。以上兩點，看來與研究者的「自由心證」不無關係，這回學士班的學生廖英竹又說對了。

第三，或許，歷史研究與理念型兩者可以並肩作戰，互相提攜，一起分析、用以理解複雜的社會現象與歷史因果關係，韋伯應該也曾試過幾次。然而，歷史研究打算找出諸事件之間的因果關係，但理念型並非歷史實體，研究者只是透過理念型來建構其詮釋框架。那麼，我們如何知道框架是對的（或是合理的）呢？假使無法證明卻又選擇相信，那豈不成了信仰？就像是本書第一章所提出的，韋伯並未證明形式合理的法律優於實質理性的法律，只是這樣相信，相信著全球的法律制度演進的路數非得如此不可，可以說，這是韋伯所堅信者。雖然我們可能猜得出來，但無法得知確切原因。另外，歷史研究與理念型發生在研究過程中的不同時期，前者是在最後階段才能夠驗證因果關係，但後者，也就是理念型，似乎在研究初期即已形成，充其量在研究進行中稍晚的時候，如果太晚的話，透過價值關聯所建構出的解釋框架似乎沒有太大的用途了。

第四，在研究進行時，學者可能結合歷史研究與理念型，若要嚴格區分這兩者，恐怕並不容易。然而，就歷史研究而言，如先前廖英竹的看法，研究者先經過廣泛閱讀可信度高的史料，運用各家觀點來檢視，以建構研究目標之全貌。當研究進入最後階段時，答案就自動呈現，歷史研究之目的在於解釋諸「事件」之間的因果關係。簡單說，歷史研究的全貌得要到最後才會出現。然而，有別於歷史研究，因爲研究者在「價值關聯」底下所建構的解釋框架——也就是理念型——形成於研究的初期。其目的是「執簡馭繁」，讓複雜的社會現象或某（些）事件能夠理解。事實上，韋伯曾在一九一三年的論文中提到「理念型應該被視爲可能性（probabilities）分析與平均值（averages）研究出發點」[22]，筆者覺得韋伯所言，證明理念型——亦可視之爲詮釋框架——是在研究進程的初期業已形成，理想上，應該會因爲經驗事實的符合與否進行修正才是。另外，我們知道韋伯所言的「理念型」並非意指平均數，因此，上述這句話裡的「可能性」與「平均值」所指者，應該是葉啓政所主張，並非「具量化數據的『客觀化』意涵來雕塑社會實在的本身」，反而是爲了展現其「所勾勒之『理念型』心靈圖像用來作爲理解與詮釋社會實在所可能彰顯的意義『可能性』〔或謂適宜性（adequacy）〕」[23]。

第五，也就是最後一個可能的衝突是，理念型所追求者爲邏輯一貫、前後無矛盾的類型學（typology）；歷史研究則在意諸事件之間的因果關係，況且，在「重構」歷史事件的過程中，也就是歷史學家就「現在」與「過去」的事件持續進行對話，假使研究者在「價值關聯」下建構的詮釋框架大致正確的話，那麼，該歷史學家在這持續的對話中，應該能逐漸讓這些事件之間的因果關係清晰呈現，但理念型——也就是詮釋框架——雖然有助於釐清因果關係，但其本身並非因果關係。例如，韋伯透過操作理念型，告訴我們「（基督）新教倫理」與「資本主義」兩者之間存在著「親合關係」——就如某些化學元素之間特別容易產生反應——這些並非「因果關係」。也就是說，不能宣稱新教倫理導致資本主義的產生，雖然，韋伯似乎有意要誤導我們去相信新教倫理產生資本主義。不可否認的是，解釋框架有助於呈現歷史事件之間的因果關係，但事實並非總是如此，這的確可惜，其可能原因關乎研究者在本身的「價值關聯」底下形成的觀點，如果歷史學家或某學科的研究家對自己有著充足的自信的話，那麼他經常會認爲自己是對的，或許不只是對的而已，還是無懈可擊的。

然而，倘若歷史學者——像是韋伯——在一開始使用「傳統主義」這個理念型套用於中國，特別是十九世紀中葉之前直到韋伯辭世的二十世紀初期，在韋伯的價值關聯底下，爲了使其解釋框架獲得經驗事實（「事件」）的支持，一切有關中國進步，或者那些不符合「傳統主義」的歷史事情幾乎全部被隱匿起來，這樣才能符合「傳統主義」的理念型。在當中，韋伯略去某些「事件」——無論是刻意或非刻意地——以「成就」其理念型，諸如本書曾經討論過的「傳統」中國義務觀社會的「權利」保障，中國法律的進步性，像是宋代刑事案件的司法救濟、著作權保護、科舉擢才、「吏、戶、禮、兵、刑、工」六部之法理型支配等等，在在顯示「傳統主義」這樣的理念型——無論邏輯如何連貫而無漏洞——其實根本是誤盡天下蒼生。

由於理念型有無比魅力，使研究者不忍丟棄，因爲在他處不可能再找到像這樣邏輯謹嚴、思路縝密的概念工具，由於它，使我們的紛亂雜陳的世界看起來「簡單」多了，縱然在當中無法找出實際例證、也無法解釋歷史事實。並且，當理念型無法解釋時，此時學者又站出來爲「理念型」說話，認爲其性質是「純粹唯名」，故無需「理念型」這一概念來負責。

理念型之「純粹唯名性質」

照理說，打了疫苗之後，人體能產生抗體，無須爲染上特定疾病而煩惱，當然，有些醫學博士對疫苗的效果仍抱持懷疑的態度，心裡想著，或許還有更好的辦法來對付這類疾病才是。本書在第二章所提理念型「純粹唯名」性質，其效果就有點類似於疫苗，這要如何解釋呢？

事實上，筆者懷疑，當理念型與歷史事實不相牟時，韋伯及其支持者提出其他說法——或許這些說法也未必全然不合理——像是「純粹唯名性質」[24]，而這樣獨特的性質，平常時我們難以感受到它的有效性，只有當遭逢無情的批判時特別有用，就好像抗體在未發現特定病毒時，抗體在身體內並不會發生作用。以下，我們舉例來說明，理念型的合理與否，其實與它是否能解釋歷史事實有關，當然，這是可想而知的，因爲理念型的操作是爲了讓我們能更清晰地理解社會。首先，我們先來看韋伯給我們所熟知、三種的權威理念型（或支配）——分別是傳統型、卡理斯瑪，與法理型。韋伯告訴我們在現實生活之中，我們看到的支配類型通常是三種的混合。在平時，我們很少去懷疑韋伯所提這三種理念型，因爲它們讓我們能明瞭理解權威的類型[25]。關於上述支配的類型，筆者高度肯定，這的確使我們能概略理解這個世界上權威的模樣。雖然，經驗事實經常都是這三種的混合，不同的類型也只是比例不同而已。但無論如何，韋伯的支配社會學至今仍相當有用。筆者爲，除了他將「傳統」中國的法理型支配錯置於「傳統型」支配之下，乃因「傳統主義」理念型在作祟。當然，我們必須記得理念型的建構是在研究者——也就是韋伯——之「價值關聯」下所形成的。

在韋伯的二元對立的理念型建構[26]之下，一談到（東方）中國的「傳統主義」，就讓人直接聯想到西方的「理性主義」理念型，爲何這種二元對立式的理念型會產生？除了韋伯自身「價值關聯」之外，尚與我們在稍後章節要討論的「歷史主義」有關，另外，也應該加上與二元對立的理念型之建構有關。我們看看以下的例子，那就是，西方的「理性主義」與東方（中國）的「傳統主義」，在韋伯的想法裡，這是西方與東方文明最根本的差異，簡單說，韋伯「掌握了豐富（歷史）資料」[27]並從中提煉出西方「理性主義」的因素，像是新教徒的專家精神、總是帶著目的取向之社會行爲，與客觀化的社會關係，同時，他精鍊出中國的「傳統主義」，像是儒家的形式主義、人倫關係，與相對於專家養成之人文教養等等。並且，儒士在這種環境下長成，逐漸養成視傳統爲神聖不可侵犯，同時抗拒變革的「傳統主義」，無怪乎整個「傳統」中國社會處於停滯的狀態，即使是在十九世紀中期，西方勢力進入中國之後，韋伯的「傳統」中國仍然未曾顯現出任何力圖振作的意圖，由此足見「傳統主義」的影響眞是超乎想像地無遠弗屆[28]。從以上兩個例證觀之，大略可說，理念型確實是一項有用的工具，在社會（科）學的領域裡，如果我們看第一個例子，也就是權威（支配或統治）[29]類型，包括傳統型、卡理斯瑪，與法理型，大致上，學者應該抱持接受的態度，當然，本文所談的是支配的類型而已，筆者不同意之處在於，韋伯稱中國的支配類型爲「傳統型」，因爲符合其「傳統主義」，而這是相對於西方的「理性主義」，其支配類型則是「法理型」。所以，問題不在於「理念型」本身，而在二元對立的「（東方）傳統主義」與「（西方）理性主義」，這是一種錯誤的應用，一種「非歷史的」應用，而東方（中國）總是站在優越西方的對立面。

再以第二個例子視之，其實也同樣是二元對立的例證。在韋伯心目中，「理性主義」是西方之所以爲當時——指韋伯的年代——西方的緣故，而「傳統主義」則是東方（中國）之所以爲今日——同樣是韋伯的年代（甚至於直到他身後的一個世紀）——東方（中國）的原因。韋伯的確提出證據來說明西方人（特別是新教徒）的某種心理動機所引發的社會行動爲何走向「理性主義」，他也並非沒有提出證據來證明發生在中國的（歷史）事件確實能夠歸類在「傳統主義」裡，然而，這是經過韋伯挑選的證據，爲求符合其解釋框架，而這種框架是在韋伯自身的價值關聯、價值判斷下所形成的某種觀點。對他而言，說服其讀者相信其觀點是合理的，遠比其挑選的歷史「事件」是否趨近於眞實這件事似乎重要許多。簡言之，任何新教徒的社會行動，都被韋伯視爲「理性主義」的範例，任何儒士——其心中的理想社會未必等同於現實——的社會行動都被韋伯用來證明從屬於「傳統主義」，當然，其他「重要的」事件則被忽略或刻意不談，甚至無法去談。所以，我們看到的理念型是二元對立的，而二元對立的理念型之所以被認爲是成立的，是因爲韋伯用不同的觀點來解釋某些發生在「傳統」中國的事件，或者，他根本不知道中國到底發生過哪些事情，又怎麼能知道哪些事件是重要的？筆者認爲，在研究大範圍、長時間的社會變遷時，或者說，在回答人類歷史發展的重要問題，像是西方爲何興起？東方爲何衰退？諸理念型，像「理性主義」、「資本主義」、「傳統主義」，與「（爲中國建構的）封建主義」或許並非毫無意義，但更重要的是歷史研究的本身。但令人遺憾的是，身爲東西方歷史比較研究大師級人物的韋伯——如本書第一章所指出——沉迷在其「理念型」所展現的美麗圖像裡，竟然忘記歷史研究並非在自己的書房裡光靠著想像來完成的，至少應該在帶上房門之前，先帶回一些中文文獻。

由於理念型執簡能力良好，所以，不少學者會嘗試替韋伯操作理念型所（可能）犯下的小錯找到遁辭（或「理由」），其支持者會用的委婉語）。本書在先前的章節，曾略提理念型的「純粹唯名」性質，那麼，我們是否應該這樣說：「理念型」是個烏托邦，它可以陳述某種類型（共相），然而，這種類型卻是虛構的，而無法在現實生活中找到對應之物[30]。可是，新的問題——或是矛盾——產生了。為理解複雜的社會，理念型似乎極其有用，所以，雖然共相（類型）是虛構的，但研究者還得繼續使用它。而因為理念型所勾勒出的圖像，好似烏托邦，那麼，當然就是「非歷史的」。在比較世界各主要宗教倫理時，韋伯這樣說過：

所謂「非歷史的」，是指有系統地將各個宗教倫理敘述成本質上較具有統一性的個體，而不是呈現出實際的發展流程。活現於各個宗教的種種對立。諸端初現的發展及多線繁生的枝葉，都必須捨棄不顧；而那些對作者而言重要的特徵，則往往必須以更具邏輯一致性，且較不計及實際歷史發展過程的方式呈現出來[31]。

所以說，為求能看到「本質上較具有統一性」的個體，其他有礙此道途的「多線繁生枝葉」都必須先折斷，但誰能保證自己不致弄壞重要的枝幹呢？不過，這似乎並非韋伯願意考慮的，因為他對自己的研究深具信心。

接著，我們再看理念型的另一個問題，也就是「二元對立」的問題。

「二元對立式」的理念型

一言之，韋伯著名的理念（類）型，其建構乃是二元對立式的，至少大致來說如此。不過，如果能再舉個例子，或許更有說服力也說不定。在討論韋伯社會學的方法論時，John Rex在檢視韋伯所提出的價值關聯與理念型時，他提到韋伯的「官僚制」與「西方資本主義」的概念時，「毫無疑問地」（undoubtedly）反映了韋伯本人的「政治承諾」（political commitments）[32]。可以這麼說，韋伯在其歷史研究與理念型的操作中加添他的價值判斷與政治偏好，爲的是呈現所堅持的觀點（價值關聯）。換句話說，韋伯「二元對立式」的理念型已經爲其歷史研究預設詮釋框架（與結論）了，因爲，對他而言，最重要的研究議題莫過於西方爲何而興起？而這與歷史主義（historicism）有關。

那麼，如果眞要說出一個貫穿韋伯社會學研究的各個領域，答案或許可以說是「二元對立式」理念型的建構。林端在研究中如此宣稱：

> 受到康德哲學以來二元對立思潮的影響，韋伯所偏好的二元對立式的理念型的建構，實際上貫穿了他的整體社會學研究的各位領域，是我們今天探討他的作品必須加以正視的面向；倫理的領域也不例外……（其）「規範的倫理學」，都具有這樣的特色，但有所差

異的是，在後者〔規範的倫理學〕的領域中，韋伯似乎還存在著**整合**〔粗體爲筆者所加〕「心志倫理」與「責任倫理」的企圖，這是與韋伯其他二元對立的理念型概念建構是不同的[33]。

在這個段落中，筆者認爲至少有以下幾點值得討論，首先，如同先前章節所言，社會學家——韋伯亦復如此——不迴避探討倫理問題，這是因爲「倫理道德」與「法律（*Recht*）、常規（*Konvention*）與風俗（*Sitte*）」同樣起源於「社會文化」之中，都是「社會規範（*Soziale Normen*）」的一種，因此，行動者在進行社會行動（*Soziales Handeln*）時的「主觀意義與行動取向」均受倫理道德與其他規範之左右[34]。

其次，簡單說，韋伯的倫理學可以區分爲「描述的倫理學」（或「分析式的」倫理學）與「規範的倫理學」。「描述的倫理學」指的是韋伯在進行文化內的比較時，他將西方的基督新教倫理與世界上其他主要的倫理進行對比，像是印度教、伊斯蘭教、猶太教、佛教、道教，與韋伯認爲最重要的「儒教」。韋伯承認類似於新教倫理，其他宗教倫理與經濟倫理也都存在著「選擇性的親近關係」，但是，以儒教爲例，其倫理的發展階段「主要是停留在法則倫理與儀式倫理的階段，與『傳統式的』〔雙引號爲筆者所加〕經濟倫理有切關連」。韋伯這種「龐大理念型建構的比較宗教社會學」，也就是「描述的倫理學」，無論所談的是宗教倫理、抑或是社會經濟倫理，其目的在於探索倫理因素對於社會行動產生的實際影響。因爲韋伯及其支持者認爲倫理不僅是主觀意義的根源，也是信仰的基礎，左右著行動者往特定路數去行動，雖然在「微視層次的社會行動」與「巨視層次的社會秩序」之間可以產生所謂的「非預期性的結果（指產生出（西方的）資本主義）」。在這種意義底下，若要將之稱作倫理學的話，大體上是一種「描述的倫理學」[36]。

根據林端的說法，韋伯在進入「規範的倫理學」之後，他將理念型建構爲「心志倫理」與「責任倫理」，前者不僅只是「內在的確信」，同時也「付諸行動」，後者則「不是強調心志本身的價值」而在意的是「行動的結果在經驗世界裡的相關性」。簡單說，「心志倫理」乃是依據心志和信仰本身來做決定，而「責任倫理」則堅定相信必須考慮行動的後果。當然，責任倫理也得承擔其信仰，如此，就與心志倫理脫不了關係。然而，在理念型的建構下，心志倫理與責任倫理分別位於連續體的兩端，如果我們將經驗事實當成連續體的（*Kontinuum*）話。彼此對立的二個理念型，便得以相互彰顯，不過，仍無法相互融合與補充。雖然韋伯明知「心志倫理」與「責任倫理」是連續體的兩端，但他仍然嘗試整合這個二元對立的觀念，這乃是**例外的**理念型操作，而非韋伯理念型的一般情形。根據林端的說辭，在其餘的二元對立上，韋伯並未嘗試整合類似於「心志倫理」與「責任倫理」這兩個二元對立。林端看到的證據是：「韋伯談到他認爲最應該感動的狀況，這樣的人是眞誠……的〔地〕對後果感到責任，按照責任倫理做事，在某個情況來臨時說：我再責無旁顧，這就是我的立場。韋伯認爲這是令人動容的，人性的表現，在這種狀況下，心志倫理和責任倫理應該不再是**絕對對立**（*absolute Gegensatze*），而是**互補**（*Ergazungen*）〔粗體爲原文所有〕的……」[37]。

筆者認爲，韋伯在其規範倫理學中，無論成功與否，他有意嘗試揉合「心志倫理」與「責任倫理」二者，這點應該與韋伯的人格不無關係[38]。但總而言之，値得我們留意的是：這是韋伯理念型的建構之例外。一般而言，韋伯的理念型基本上都是二元對立式的，像是「入世主義」vs.「出世主義」；「理性主義」vs.「傳統主義」，或是「資本主義」vs.「封建主義」。筆者相信這與韋伯身爲東、西方歷史比較研究大師有關，他主要關切的問題是：爲何西方會興起？而這個問題是歷史主義下的產物，此問題魅惑了十九世紀的思想家們，相信韋伯也在其中。這裡，本文稍微回顧一下先前已經證明的論點，那就是：理念型魅惑了韋伯，若再加上歷史主義也魅惑了韋伯，那麼，我們不就發現韋伯的宗教社會學、法律社會學、經濟社會學，與歷史社會學，都是在理念型與歷史主義的魅惑下所完成的嗎？若此爲眞，這恐怕令人相當難以接受，特別是韋伯可是有億萬的支持者。

但什麼是歷史主義呢？我們接著進入下一節「中國與歷史主義」的討論。

中國與歷史主義

歷史研究不能只能確定「事實（或事件）」而已，否則這個世界看起來仍是龐雜無序。除了「事實」的驗證之外，還得形成某些概念，與概念間的因果關係（假使的確存在），此時，與研究者所持之價值有關的「理念型」這項概念便顯得非常有用。例如，像是「資本主義」、「傳統主義」，或是「卡理斯瑪」支配等等，的確可以幫助「化繁爲簡」並且讓人能「執簡馭繁」，讓原本看起來無序的社會能以清晰的面貌呈現。如此說來，理念型有其需要，而且理念型本來也沒有錯，然而，在歷史主義（historicism）的影響下，導致歷史社會學家在研究的初期就因設定了錯誤的問題，最後，只能在歷史的滾滾洪流中，打撈所需要的種種「證據」。換句話說，由於問題已經設定，是故，研究者只能在既定的框架底下進行其思維活動，並且，爲了理性化所提問的問題，他只得被迫放棄或乾脆忽視那些不符合其問題與解釋框架的歷史「事實（或事件）」，這讓人頗感遺憾。

以下，我們再分幾個小節討論。首先，簡略回顧一下「何謂歷史」，雖然筆者猜想自己正冒著被指責爲有些囉嗦的研究人員，不過，文中仍會加入一點「價值判斷」的討論；其次，指出十九世紀的歷史主義與進化論，與其支持者所關心的議題，以解釋學者身處的環境如何影響他們的思維；第三，社會學古典三大家——本文略偏重特別是作爲歷史學家的韋伯——並未充分瞭解中國，但很諷刺，包含在中國大陸的學子們，在學習過程中對其學說卻可說是篤信不移。

何謂歷史？

人們經常將過去所發生的事情當作歷史，但假若如此，由於歷史「事實」有時並無法經由他們述說，而導致錯誤。千百年來的文獻（或嚴謹的說，是教科書）也僅能提供寫作者的思維。在此之下，我們看似能明白視事情的全盤樣貌，但實際上，僅能看到在過去的特定時期裡，一個事件的百花拼圖——無論其重要性究竟如何。縱然覺得累贅，本文還覺得必須重提。不過，爲何事情發展要如此選擇，而非經由旁途篩選？爲何採取這樣的視角、方法或文獻會優於另者？怎樣的「事實」看似可信，而非他者？種種切切攸關於歷史學家的詮釋。無怪乎Edward H. Carr（卡耳）在自問自答——何謂歷史？而說出「這是歷史學家與他的事實之間持續對話的過程，在古今往昔之間無輟的對話」[39]。據此看來，我們似乎還需多談點歷史學家的闡述。

即使並非全然如此，但在理解往昔的重要事件時，闡述經常扮演重要的角色。在研究者的心目中，評判標準並非完全相同。可想而知，他們選擇不同的議題來探索，進行發掘，而就其發現歸納、結論。縱然對辯的議題一樣，但採取不同的觀點，事物的揚棄、取捨也就各自相左。判斷選取討論什麼議題，蒐集哪些史料，採取怎樣的視角，運用怎樣的研究方法，達到什麼總結等，也就無從避免。故此，縱然受過嚴苛的學理訓練，也幾乎不可能撰寫出所謂價值袪除（value-free）的文章。例如，筆者在二〇一七年出版的《顚覆你的歷史觀：連歷史老師也不知道的史實》[40]一書當中所提及的鴉片戰爭，提出理由與根據，來說明爲何選取這個「老掉牙」的題目，佐以新觀點——具體而言，（茶）產業競爭與智慧財產權保護——在古往今來的歷史進程中持續進行對話。

簡單說，先前以「（東、西方）文明的衝突」來解釋鴉片戰爭，這個陳舊觀點總是以英格蘭大使會見乾隆皇帝時，「磕頭」所引起的導火線爲開端，再以「自由貿易」之大纛插在廣州城上，告訴大清帝國的子民們，這個古老的沉睡帝國在面對國際情勢丕變之時，只能用洋槍大砲將之轟醒，這說法令人無法看清英國開戰的眞正理由。若從產業競爭與智慧財產權的觀點來看，當年，英國派人到中國，其眞正目的是爲了得到茶葉的製造技術，以便在其殖民地種植，這是因爲工業革命後的英國開始向中國大量購買茶葉，造成白銀外流，國家財富減少。在重商主義的意識形態之下，英國王室不得不出手阻止這種情形持續下去，在遍尋不著可以讓大清子民喜歡其工業產品的「百般無奈」之下，於是，只得將印度人所種植罌粟花製成鴉片賣到中國去，這會兒，輪到清帝國白銀外流，人民則身體孱弱。後來，皇天不負苦心人，英國人終於偷到了茶苗，也找到技術工人，並且，在今日我們熟知的印度阿薩姆地區種植茶葉，並以零關稅源源不斷的出口到英國，至於中國的茶葉則被課以百分之三十五的關稅。到一八八〇年代，中國茶完全失去競爭力[41]。這才是鴉片戰爭的眞相，至少，筆者認爲事情原委就是如此。

故而，歷史學家的**主觀**闡述無法從歷史事實中抽離，而獲得全然**客觀**的論點。這可從十九世紀的社會科學，特別是「歷史主義」的擁護者對中國的誤解看出。

歷史主義與進化論

知識分子殿堂裡的整體氛圍，將影響學術圈轉向何方，並且還呈現出到底是誰占據了文化資本，從而取得展現其知識的空間。十九世紀的歷史主義雖僅爲一例，卻是十分重要，值得我們審視。歷史主義到底如何形成，從世界體系的政治經濟學、區域條件、知識分子的競合，還有公認的達爾文主義，都是可能的途徑。

Ho-Fung Hung（孔誥鋒）經由解析歐洲對中國的理解，及東西方社會的差異，運用東方主義者的知識來理解一六〇〇～一九〇〇東方社會的興衰，他從世界體系與網絡兩者的觀點，提供我們長期以來西盛東衰轉變的理論框架。歸結起來，他認爲在過去四百年中，歐洲對中國的態度轉變係基於兩大主軸的角力：即在十七世紀，理論循環中的耶穌會與楊森主義，和在十八世紀，哲學社群中親華派與反華派，與十九世紀學術圈中的浪漫主義與進化主義。在十九世紀的轉折中，由於達爾文（Charles Robert Darwin,1809-1882）提出的進化論居於上風[42]，在他一八五九年所出版的《物種起源》（*On the Origin of Species*）一書，提供進化論者知識分子理論的論據，使他們將西方領導世界其餘地區在演化路徑中居於領導地位，同時與「進步」觀點加以連結[43]。達爾文主義的知識霸權不僅標誌著進化論者的全盤勝利，同時也呼應了霍布斯邦（Eric Hobsbawm）的「帝國時代」，蓋後者處於人類歷史上最大的殖民擴張時期[44]。十九世紀時的歐洲處處瀰漫著「進步」與「樂觀」的論調。在極大程度上，也表明歐洲向外擴張的完全勝利，例如英國在十八世紀中葉擊敗孟加拉，在十九世紀則是幾次毫不留情地擊敗大清帝國。

接下來，本文覺得似乎有必要稍微討論孔德（Auguste Comte, 1798-1857）的學說。身爲實證主義之父，他以科學的方法論，結合了歷史演進與社會進程二者。他認爲，知識和社會的發展經歷三個階段，即十四世紀以前的神學階段，十八至十九世紀的形而上學階段，與十九世紀之後的實證主義階段。而實證主義的歷史哲學有兩點需要解決。

首先，孔德將歷史演變視爲一種例常模式，也就是從神學、形而上學，最後演進到實證主義階段。許多人認爲這個過程可說是西方歷史哲學發展的一項成就。其次，「關於歷史演變，當學者們在進行哲學思考時，他們傾向於將其目爲單方的、連續的、漸進和有目的的過程」[45]。關於與實證主義的歷史哲學相關的這兩點，筆者覺得，這種十九世紀的「進步」觀點未必眞實，很可能只是當時知識領域想像出來的，但本文暫時予以擱置。在此我們總結實證主義對歷史哲學的影響。在歷史哲學的發展中，孔德的影響力是：「實證主義的發展受到自然科學進步的影響……〔並且〕歷史哲學被提升爲歷史的科學化」，關於這一點，在先前的分析中已經討論過。

在十九世紀後半葉，當時的歷史學朝科學化演進成爲趨勢。特別是其學科受到實證主義的影響，在部分歷史學家的書寫上，便呈現出來，諸如英國的巴克爾（Henry Thomas Buckle, 1821-1862）、法國的易波利特（Hippolyte AdolpheTaine, 1828-1893）與古蘭吉（Numa Denis Fustel de Coulanges, 1830-1889）、德國的Karl Lamprecht (1856-1915)[46]。這些作者共同相似之處在於：他們是歷史實證主義者，強調歷史事實必須經過科學檢視、處理。這與傳統歷史學科採取突出敘述的傳統十分不同。

達爾文在一八五九年所出版的鉅著《物種起源》，有意無意地同時提供進化論者理論性的解釋與偏見，來詮釋文化資本主義的好處，他同時也給知識界更多闡述的空間。達爾文進化論影響所及，隱約地出現在韋伯與其支持者的論述當中，換句話說，本書的主角，也就是社會學古典三大家之一的韋伯，當時亦身處在這氛圍裡，並浸淫其中。這麼說，若是我們將「歷史主義」視爲十九世紀的時代精神，而時代精神爲人們（包括研究者）行動的「動機」產生促進的作用。學者葉啓政極具創意地以「全景敞視」觀點，爲韋伯理念型的有效性辯護時，他說出下面這段話湊巧地——或許是間接地——剛好可以用來說明韋伯是如何在十九世紀的時代精神底下，提出一個全世界（或說社會學界）最重要的問題（之一）：西方爲何而興起[47]？葉啓政如此說：

充其量，人們**只是且只能是**〔粗體爲筆者所加〕以僅具特定文化價值的條件下來接近社會實在，形成一個具內在一致性之概念關係的和諧秩序宇宙。於是乎，任何的社會研究的重點乃在於研究者的評價觀念，否則，對主題缺乏了選擇原則，也就無法對具體實在有著意義內涵的知識[48]。在上述的認知架構下……當Weber強調行動的動機（或意向）時，他只不過是肯定人的心靈所具有的內在秉性（inner disposition）乃是瞭解人之社會行動不可或缺要件。他意圖告訴我們的，不是像心理學家一向所強調的個別行動者的「個別」動機本身，而毋寧地是類似這樣的意思：具**集體意識性質的時代精神**〔粗體爲筆者所加〕（或宇宙人生觀）（如理性精神）具有促使人行動的「動機」作用；或者說，他所強調的是，以擬情瞭悟的方式來爲人的心理的稟性尋找並確立具文化制約意涵的可詮釋性[49]。

在上述這段話中，筆者有幾個看法，第一，人們只有在特定的文化價值條件下，才可能認知到社會實在；第二，也因此，研究者的評價，在社會研究中占據重要角色；第三，時代精神本身具備集體意識的性質，催促著人們（包括研究者）產生「行動」（例如，從事歷史研究）的動機。簡單說，十九世紀的時代精神可以從學者關注的問題當中最重要者看出端倪，當時，歐洲社會的確處於一片前途大好的景象，向外征服與擴張幾乎無往不利，其社會正在往「進步」的方向走；就學術氛圍來看，社會科學更以達爾文的進化論的基礎，瀰漫著歐洲人將帶領全世界往更好的方向前進。筆者認為，韋伯也自不例外。

但也許我們應該提出更多證據才是，用以證明韋伯的價值判斷與其當時之社會環境關係不淺。本文仍以進步論對韋伯產生的影響為例，來看以下三個例子，首先，韋伯在討論法律四大類別時，就像是東南亞馬克思學巨擘洪鎌德教授所言，在歷史哲學的研究途徑上，他無疑是採取進化論的觀點，包括了形式不理性、實質不理性、實質理性，與形式理性的法律[50]。第二個例子是，韋伯在論述權威（或支配）的三種不同類型，也就是，傳統型、卡理斯瑪，與法理型時[51]，也同樣可以看出進化論的影子，並且，我們不要忘記，西方社會是其進化最高階段的模範樣本，在其他地方不可能出現同樣的類型，也就是形式理性的法律與法理型的支配類型。第三個例子則能讓人看出，韋伯如何受進化論影響，並且，以西方社會為其心中的理想範本。根據Paul Walton的研究，他說：「韋伯將理性化視爲一種逐漸增加的手段—目的關係之思考，使用可計算的科學技術，與相信人定勝天這個智識上、文化上的假設」。Walton認爲這樣的理性化過程「在根本沒給過什麼確定的理由下，簡單地爲韋伯所創造」，理性化過程在人類歷史上到處都出現過——此論點相似於吾人在儒教倫理中的發現——但卻爲韋伯作爲「西方的勝利」而增添了「難以解釋的神祕色彩」，後來「理性主義」（rationalism）就成了「西方文明的戳記」（the hallmark of Western civilisation）[52]。筆者認爲，若再加上這三個例子，來說明韋伯受到進化論的影響，應無太大疑義。

先前，我們提到過，雖然歷史學者Collingwood指出歷史學並未受到達爾文「物競天擇」進化觀的負面影響，即使，進化論在十九世紀下半葉已成爲影響歷史學界的重要學說，但在社會（科）學界未必像是歷史學界那般，歷史學者的自覺程度似乎較高[53]。從上述分析看來，我們可以發現進化論也會影響韋伯（或其他人）的主張，不過，話說回來，韋伯被（歷史）社會學界公認爲歷史比較研究的大師級人物，在十九世紀這樣的氛圍圍繞下，倘若我們發現他也相當看重自然科學崇尚的「客觀性」（或者再加上「進化論」），那麼，這點似乎就不令人感到意外[54]。

作為歷史學家的韋伯

向來，學者們傾向將韋伯視爲社會學、政治社會學和經濟學的創始人。然而，近幾十年來，有人提出，德國對韋伯的研究已經轉向「韋伯作爲歷史學家」這個論題。這個轉變有兩重意涵。其一是對韋伯巨視（宏觀）文化方法的途經的認識，乃是「基於全盤的歷史觀〔斜體爲筆者所加〕」。另者則是韋伯試圖「揉合包括歷史領域在理論和方法論上，來奠定社會科學的基礎〔斜體爲筆者所加〕……。」[55]

作爲一個慣習於跨文化比較的歷史學家，韋伯應該知道爲何西方與東方（特別是中國）有所不同。但本文不同意這種說法。事實上，韋伯並不了解中國，特別是中國的傳統法律體系。簡而言之，他對中國傳統司法體系的特徵不若歐洲司法體系那般熟悉，韋伯熟悉歐洲司法——特別是商法——是因爲其指導教授，「現代商法的創始人」Levin Goldschmidt，指導過他的中世紀主義和法律歷史之下，「源於南歐的中世紀的伙伴關係」的博士論文[56]。不過，基於不明原因，「律師馬克斯・韋伯」出現於德國文獻的次數，要少於英美的文獻。一如Gerhard Dilcher所指出的那般，「韋伯作爲法律歷史學家」、或「韋伯：作爲社會思想家的律師」這樣的詞語，在英美文學中已被底定了[57]。

一如往昔，直至如今，「中國」這個案例即使不全然，但在東西方比較研究中可說是相對重要的。在許多學者對自十七世紀，至十九世紀初或中葉西盛東衰的論述感到興趣，社會（科）學的相關研究可說是難以計數。社會學系的學生們在攻讀學位時，也期待了解東西方，或其比較研究。當然並非所有人都選擇探究中國，但毫無疑義，中國的確是很大的研究對象，早期在學習社會學時，對於古典三大家的馬克思、韋伯與涂爾幹，都會導讀他們的理論[58]。這樣的學習過程乍看之下似乎並無問題，但本文對這點有話要說。筆者推想社會學古典三大家深受十九世紀歷史主義所影響，在考察大清帝國時期的中國可說眼目昏花、視覺障礙。一如Edward H. Carr所言：「你只需檢驗系統在任一時期或任一國家價値的優勢，就可明白到底如何受到周遭環境所型塑。」[59]如前所述，概略來說，這三巨頭所處的時期，正是西方國家大力開疆拓土，鐵騎縱橫的大時代，可說戰無不勝。在這種環境下涂爾幹、馬克思與韋伯對西方歐洲世界的未來太過濃妝豔抹了。筆者認爲，韋伯可算是三者中之佼佼者，是故，我們仍將以韋伯爲討論的主要對象[60]。

十分可惜的是，韋伯對現代以前的中國抱持同樣「靜態」的思想。本節在此首先略談韋伯作爲法律歷史學家的訓練。其次，指出韋伯對中國「傳統」法的誤解。先前，在拙作《社會學囧很大[1.0]》我們已提及宋代驗屍程序和保護知識產「權」的相關法令，來駁斥韋伯對中國法律制度停滯不進的論述[61]。這裡，我們將再看一下——依舊是韋伯之「傳統」中國的——清朝之判例法。

相信那些對歷史比較法感興趣的人，不會不熟悉韋伯在東西方的巨視（宏觀）歷史分析。如前所述，十九世紀歷史主義的支持者感興趣的題旨與唯一問題是，他們想解釋何以後來西方領先，而東方人只在第十七、十八世紀或更早的十六世紀居上風。毫無疑義，韋伯認爲理性化是東西方優勝劣敗的主因。西方的獨特性乃是理性化的過程，這在西歐以外的他處無從尋覓[62]。我們認爲，理性化已成爲理解（或誤解）西方（特別是英國）何以發展和東方社會的停滯（特別是中國）的口號。換句話說，理性化這個詞語或概念，儼然成爲闡釋爲何西力東漸，而東方向下沉淪的神祕關鍵。事實上，理性化可能是韋伯心中最重要的概念（之一）。對他來說，這使得西方與東方有所區別。對社會學領域的知識分子來說，理性化可以是最受信任的。正如Dilcher力陳如下：

> 顯而易見，韋伯的論文多少預示他後來的社會學思想的核心要素。包括*Gemeinschaft*〔習慣社會〕和*Gesellschaft*〔法律社會〕的概念以及理性化的**解釋範式**〔粗體爲筆者所加〕[63]。

在此，我們發現韋伯很早便開始關注世界的理性化過程，並長期保持這種研究興趣。作爲一位比較歷史研究的學者，他在分析法律體系的理念類型時，其分類乃是眾所周知的，依序是形式非理性、實質非理性、實質理性、和形式理性[64]。對韋伯而言，西方法律體系在他所處的時代，已經發展到最後階段，即形式—理性。至於像馬克思所想到那般停滯不前的大清帝國，其法律制度則似乎達到實質—理性的階段。

先前，我們提到了韋伯認爲，與西方「進步」的形式—理性的法律相比，中國的傳統法則被描述爲一種「停滯不前」的制度，因此，中國的傳統法被認爲根本不值得學習。不可否認的是，在中國傳統社會中，並無「權利」意識，但這並不意味著財產所有權從未受到保護。長期以來，中國社會向來認爲在這上頭，自己是義無反顧的。在皇帝直到知識分子的思想中，理想的社會乃是一個和諧的社會，因此不樂於任意興訟。雖說衝突和爭鬥當然存在於中國社會。但一般而言，刑事案件（重案）由地方父母官判定，而民事糾紛（細事）則通常透過調解處理。這與西方的裁判系統（adversary system）不同。一般來說，雖然中國傳統法律確實擁有保護個人「權利」的實質性手段——一種採取道德和指導性方針來護衛「權利」的方法，主要以懲罰違法者爲之——但在西方知識體系的霸權下，中國傳統法律的先進性則尚未被發掘[65]。這裡讓我們回顧孔誥烽曾經如此建議過，他表示，爲了要避免「對東方的種族主義偏見和天真的理想化」，「唯一的方法……就是檢驗充滿著複雜性、異質性和活力的非西方文明。」這是「世界文明的比較歷史社會學向前邁進的重要一步」[66]。深入探究中國的傳統法是本文正在做的。先前，我們已經談過了醫療—法律的驗屍程序與宋代知識財產「權利」之保護。我們再看一看判例法。

以下，我們比較清代的成案制度與英格蘭的判例法，試圖進行一種理念型「片面強調」的思維實驗，來評斷歐洲——這裡以英國為例——的「獨特性」，筆者覺得獨特與否的關鍵在於觀點的不同，此為「價值關聯」，而非「價值中立」。以下，我們將兩者加以比較。自十九世紀以來，不少西方學者直接或間接地指出，西方之所以興起，領先群倫，是因為西方不同於東方，無論是在工業科技的革新（例如工業革命）、政治上的民主（權力分立與相互制衡）、制度的完善（例如形式理性的法律或是完整而嚴謹的律師專業訓練）、以及經濟上的理性（開放自由的國際貿易）等等，這種種、一切都指向西方的「獨特性」。換句話說，西方不同於東方（或非西方）導致西方的崛起與東方的衰退。一切看似理所當然，不少學者信以為真，所以，社會（科）學為後世所建構的框架，幾乎堅定難摧，更別說劇烈搖晃過，頂多只是外牆的磁磚剝落幾塊，整棟建築物看來依舊完好如初。

只不過，筆者認為，西方的「獨特性」並非如此不同，而可能是，學者早已慣習用歐洲的經驗來檢視其他社會，忘記東、西方社會有著迥異的發展脈絡與歷史軌跡。當他們被訓練成學者之前，不自覺地用西方的「有」來看待東方的「無」，也就自然而然地得出這種「結論」——即西方之所以成為富強，乃是因為西方「有」些什麼，而東方則「無」。韋伯似乎同樣難以避免地受到這種思維框架所「限囿」，於是，他告訴我們，他看見西方

「有」理性化的過程，而這個過程在東方（中國、印度，或其他地方）則「無」，進而導致資本主義在西方誕生，並且較其他地區富強，西方的「獨特性」──特別是在法律，而且是歐陸的形式合理的法律──不可能在其他地方被看見，聽來十分有理。然而，除了「獨特性」之外，東、西方社會難道沒有相似性嗎？並且，在西方興起的同時，東、西方之相似性又應該扮演何種角色呢？

筆者謝某在前作中曾提及清朝的成案（爲「已成之案」的意思）制度，**類似於**英國的普通法，當時，目的（之一）是想證明，西方（英格蘭）其實並不像韋伯所說的那樣獨特，其實，他所提及西方的「獨特性」並非那樣獨特。在此，或許我們可以稍加討論成案制度與普通法之差異性，雖然這兩者都不屬於韋伯極力推薦的形式理性的法律，但這又何妨？先前，我們業已看到，有別於英國律師的訓練，「古老」且「傳統」的中國對於不稱呼爲「律師」的那群司法專業人員的拔擢、訓練，與錄用，其嚴謹程度應該不亞於英國，就此而論，英國與中國對於司法專業人員的訓練不也具相似性嗎？筆者認爲正是如此。這裡，我們再比較一下清朝中國與英格蘭在使用判例的相似性上，當然，兩者的確不同，但清朝只是帝制中國最後一個王朝，也許其他朝代的成案制度亦有比較的價值。不過，我們先看不同之處。但有時，人生的無奈，也會反應在學術研究上，除了找兩個例子（東、西方）來比較，藉以凸顯其中之一（西方）的「獨特性」之外，另一群學者似乎只能稍述

「相似性」而已，可能因為批判的精神在腦子裡作祟。現在，我們先看清朝成案制度與英格蘭判例的不同。

在「傳統」中國法律體系之中，以律為主，例為輔，在一定的程度上，例彌補律的不足。不過，例的名稱，在不同朝代名稱也可能不同，就像是宋代，用編敕來補充律。大致上，清朝在律（也就是《大清律（例）》）相對穩定的條件下，例在某種程度上確實能補律之不足，並且，在此之下，成案能夠發展的作用不就非常有限了？的確如此。就此而言，清代成案相較於英國的判例，後者確有其「獨特性」，但如果我們可以強調英格蘭的獨特性，那麼，如果我們以清朝為中心的話，清帝國成案制度不也該具有其獨特性？當然，這也將遭遇不少批評，所以只能暫告停止。柏樺、于雁兩位學者從大清王朝強盜一百零五例，成案一百九十五例的分析中指出，成案的作用其實非常有限，二位提出的原因之一是：強盜案件中，以律、例為審判之標準相對安全，因為清朝使用成文法[67]。然而，對於柏樺、于雁兩位作者的說法，筆者意見相左，其中，最重要者在於，兩位作者只採用強盜案為例，來看待清代成案的效果，此種作法理有其侷限，因為，強盜屬重案，審理時，理應儘可能地以例、律為主，成案的運用空間本來就不大，因此，其結論將成案制度——具「很高之服服力，但是沒有拘束的」[68]——列在大清王朝法律的邊緣地位，雖可理解，但仍有不當之處。不過，話說回來，如果我們以這兩位作者的研究，來強調英國普通法

——以判例爲審理之主要依據者——那麼，英國法律的「獨特性」就能確實顯現出來。

根據學者胡興東頗具啓發性的研究顯示，元朝乃是一個「沒有唐律式法典的時期」，其法律是以「判例和因事制定的單行法規——『條例』爲中心構建起來的」。中國以成文法爲法律的主要形式源自戰國初期李悝（西元前四五五~西元前三九五）制定《法經》而確立，這種形式到了唐朝達到顚峰，不過，在唐朝中期起了轉變，特別到宋朝變化益趨明顯，變化速度更快，其演展表現在「判例在法律淵源中的地位上升，整個社會對法律的追求不再以成文法典爲中心，而是轉向判例等適用性和可變性較強的法律淵源」，這變化的趨勢，並未在宋朝終止，要到元朝才達到頂峰，也就是「元代在法律淵源上確立了以判例法爲主、成文法爲輔的法律結構」[69]，這改變中國自春秋以來以成文法爲主、判例法爲輔的慣例。因此，如果我們說，英國的判例與元朝較相似——比起先前提到的清朝成案制度——應該是可以接受的。

以上，我們略述「傳統」中國法律之樣貌，想必在韋伯那個年代，要費心瞭解中國法律模糊的長相都不太容易，更何況要仔細觀察呢？當年，韋伯在運用四種法律類型時，他似乎忘記告訴我們，爲何歐洲（大陸）的法律是形式理性；而中國充其量只能達到實質理性？特別是在韋伯根本不可能瞭解「傳統」中國法律的模樣到底如何？另外，既然這兩類法律也只是理念型，並且在現實中找不到對應物，可是當韋伯如此宣稱時，我們也就信以爲眞了，這又是爲什麼？這問題，相信短時間內我們應該無法完整回答。因此，如何深入研究其他地區的法律、其運作方式，以及產生的效果，或許才是歷史比較研究的精髓所在。

總而言之，本節裡我們看到歷史主義對西方社會（科）學界的影響，並且透過大師級人物的引介，在全球已培育出難以計數的學子，其中一部分更「升格」爲學者，而當中的絕大多數者——即使不是所有人——都在問著同樣的問題：爲何西方興起？於是，我們有了韋伯這樣「公認的」大師級人物，好像也因爲我們需要這種大師來指引，他所說過的話，甚少有人勇於反駁，因此韋伯關於（傳統）中國的一切論述，自然都變得理應如此。

本章結語

與既有文獻對話，是學者與其專業研究領域之佼佼者的「聊天室」。在這裡，大師級人物經常高談闊論地申述其不朽的論點。在社會（科）學這個聊天室裡的座上賓，非韋伯莫屬，確實，有一個大位總是爲他寫上「保留」二字，並且，我們經常還可以看到其追隨者在擦拭這張專屬韋伯的椅子，所以它幾乎是一塵不染。當然，在此情形下，這空間裡的小角色——像是筆者謝某——只能枯坐冷板凳。所幸，還不至於在角落罰站，因爲還有一群孜孜矻矻的學生們「自願」站著，對他們而言，能一睹大師的風采比什麼都重要，站一下，倒是無妨。

這一章我們並非開始於坐在大位的韋伯，而是選擇一位好不容易擠進聊天室的年輕人，她的左手拿著期末報告，引頸企盼著！筆者謝某無意間瞥見封面上的標題：〈從史學研究看「理念型」到底可不可行？〉，這題目霎看覺得有趣，或許值得討論，因此筆者突發奇想，或許我們也可以從學生的一篇期末報告開始吧！於是，本文就由此展開，從中挑選幾個看法，並加以討論。這裡，謝某只想重複該文的最後幾句話：「……而在對研究有全盤的了解後，再透過理念型來做研究，或許就可以彌補理念型的缺點，讓研究更具價值。」[70]本文覺得，這段話充滿善意，也是筆者謝某應該學習之處。然而，欲對（某）研究有「通盤了解」再與理念型對話，這會讓研究更有價值嗎？對此，筆者僅能同意學者應該對自己所研究的地區有「足夠（的）了解」，因爲「通盤了解」在歷史研究中可說難如登天，研究者的時間有限，僅能對自己所感興趣的「事實」，在過去與現在持續對話而已，無論再怎麼清晰的「過去」，也只是人類歷史的一（小）部分而已。然而，當理念型與歷史「事實」進行對話，藉以修正在研究初期業已形成的理念型（之雛型），本文善意提醒，這倒是必要的。

◆註　解◆

【1】廖英竹，〈從史學研究看「理念型」到底可不可行？〉，未出版之期末報告，（新北：輔仁大學社會學系，二〇一九）。

【2】韋伯對「傳統」中國的誤解，筆者在二〇一五年的前者中已詳細論證。具體而言，特別是中國「傳統」法律的進步性、中國的理性化過程（著重在「儒家倫理」與「資本主義」精神的親合關係）、理念型的「片面強調」可能引發的問題，與歷史比較研究的「去歷史性」等，請參照，謝宏仁，《社會學囧很大1.0》。

【3】前揭書，第一頁。

【4】事實上，理念型並非韋伯所創，此概念來自Georg Jellinek作為其研究比較政府之工具。根據葉啓政的說法，他認為，一九〇四年時，韋伯的確承認Jellinek才是提出「理念型」的先驅者，但韋伯卻誤讀其說法，而後引申出自己「理念型」的內涵。在歷史的偶然性之下，這個概念工具反而成為韋伯個人的專利，請參照葉啓政〈重估Max Weber的「理念型」：後設理論的啓示〉，《社會分析》，第十六期，（二〇一八二月），頁一～六四，第五頁。

【5】顧忠華，《韋伯的〈基督新教倫理與資本主義精神〉導讀》，（台北：台灣學生出版社，二〇〇五），第四五頁，引自廖英竹，〈從史學研究看「理念型」到底可不可行？〉，頁一。這裡廖英竹同學所引用的部分文字，「恰巧」與筆者在《社會學囧很大1.0》所引用的段落相同。

【6】廖英竹，〈從史學研究看「理念型」到底可不可行？〉，第一頁。

【7】廖英竹，〈從史學研究看「理念型」到底可不可行？〉，第一頁。

【8】Kenneth Pomeranz（彭慕蘭），Steve Topik，黃中憲譯，Julia Topik撰文，〈熱帶荷蘭人：中產階級市民如何成為奴隸販子〉，《貿易打造的世界：社會、文化、世界經濟，從一四〇〇到現在》，（台北：如果出版事業，二〇一二），第二四三頁。

【9】請參照，金子榮一，李永熾譯，《韋伯的比較社會學》，（台北：水牛出版社，一九八六）；高承恕，《理性化與資本主義：韋伯與韋伯之外》，（台北：聯經出版社，一九八八）；蔡錦昌，《韋伯社會科學方法論

釋義》，（台北：唐山出版社，一九九四）：Kart Kaelble，趙進中譯，《歷史比較研究導論》，（北京：北京大學出版社，〔一九九九〕二〇〇九）等等。

[10] Kaelble，《歷史比較研究導論》。

[11] 謝宏仁，《社會學囧很大[1.0]》。筆者認為，持續對話、不斷長進，似乎是人人喜愛的詞彙，研究者經常也被如此鼓勵。或許這樣才會討人喜歡吧？！筆者還有個小小的疑問，目前不能確定是否因為韋伯是世界聞名的大師，所以，鮮少有人敢於批評其理念型，認為有修正的必要，或者，韋伯所「開發」出來的理念型早已完成所謂「對話」的階段，無須再進行修正。例如，韋伯於一百（多）年前，所提出的三種支配（權威）類型——傳統、卡理斯瑪、與法理型——權威，隨時光流逝，但幾乎不曾有人——也包括筆者——能找出第四種類型，似乎持續對話的效果不如預期。簡言之，這種持續對話的「建議」聽來甚是，但真那麼重要嗎？筆者頗感懷疑。

[12] 梁中偉，〈統治、理念型與歷史發展之例外——韋伯歷史社會學之結構〉，《史學評論》（韋伯學術與歷史研究專號），第十期，（一九八五十月），頁一～七六，第五三頁。

[13] 顧忠華，《韋伯學說當代新詮》，頁一〇二、一〇三。

[14] 顧忠華，《韋伯學說當代新詮》，第一〇三頁。

[15] 以下歷史「事實」為筆者所選，用來反駁韋伯之說。當然，倘若謝某早已看出自己無論如何都要成為韋伯的粉絲，那麼，可以預期的是，謝某將會選擇其他「事實」讓本身論述看來更無懈可擊。這不是人之常情嗎？筆者認為確是如此。

[16] 明朝第一次經濟起飛時期發生在十五世紀初期，主要原因是經過洪武年間（一三六八～一三九八）數十年的休養生息。請參照，全漢昇，《明清經濟史研究》，（台北：聯經出版社，一九八七）：陳學文，《明清社會經濟史研究》，（台北：稻禾出版社，一九九一）等。

[17] 明初進入內閣者稱內閣大學士，首席內閣大學士即為首輔。洪武十三年（一三八〇）胡惟庸案發生後廢除宰相，後來則發展成「首輔（即首席內閣大學士）」協助皇帝處理庶務，張居正內此職務長達十年，在其任內推行一條鞭法和考成法，前者在美洲白銀的輸入下使得賦稅的改革成能可能，後者則優化官吏考核制度，影響不可謂不深遠。請參照，Ray Huang, *1587, A Year of No Significance* (New Haven and London: Yale University

Press, 1981).

[18] 另外二種支配類型分別為卡理斯瑪（charismatic）與傳統型（traditional），而法理型（legal-rational）權威與資本主義同時在西方世界發生。請參照，Paul Walton, "Max Weber's Sociology of Law: A Critique," in Peter Hamilton (ed.), *Max Weber: Critical Assessment 1,* Vol. 3 (London and New York: Routledge, 1991 [1972]), pp. 287-299, p. 288.

[19] 請參照，鄧建鵬，《財產權利的貧困：中國傳統民事法研究》，（北京：法律出版社，二〇〇六）；傅依凌，《明清時代商人及商業資本：明代江南市民經濟初探》，（北京：中華書局，二〇〇七）；經君健，《經君健選集》，（北京：中國社會科學出版社，二〇一一）等等。

[20] Ssu-Yu Teng and John K. Fairbank, *China's Response to the West: A Documentary Survey 1839-1923* (New York: Atheneum, [1954]1963).

[21] 梁中偉，〈統治、理念型與歷史發展之例外〉，第五五頁。

[22] Max Weber, Übereinige Kategorien der verstehende Soziologie, Reissued 1988 in *Gesammelte Aufsatzezur Wissenschaftslehre*, pp. 427-474, (Tübingen: Mohr; reissued 1988, pp. 431-449), pp. 444-448, cited in Tore Lindbekk, "The Weberian Ideal-type: Development and Continuities," *Acta Sociologica*, Vol. 35, Issue 4, (December, 1992), pp. 285-297, p. 290.

[23] 葉啓政，〈重估Max Weber的「理念型：後設理論的啓示〉，《社會分析》，第十六期，（二〇一八二月），頁一～六四，第一一頁。

[24] 筆者認為，這裡所謂「純粹唯名性質」可能是歷史研究與理念型內在衝突最嚴重者。當然，若真要比較出嚴重性的大小，恐非易事。

[25] Fritz Ringer，簡惠美譯，《韋伯學思路：學術作為一種志業》，（新北：群學出版社，二〇一三）。

[26] 吾人不是意圖指出所有韋伯的理念型建構都是二元對立的，例如，剛才提到的支配類型，包括了「傳統型」、「卡理斯瑪」，與「法理型」等，此權威的理念類型並非二元對立式的。不過，韋伯的東西方歷史比較研究上，其二元對立式的理念型建構是明顯的。

[27] 周伯戡譯著，《社會思想的冠冕：韋伯》，（台北：時報出版公司，一九八三），第二一頁。

[28] 或許「現代」中國並非韋伯研究的主要議題，所以我們難以看到韋伯在西方勢力進入中國之後，為中國帶來的改變。不像費正清（John K. Fairbank）所認為，一八四二年之後，西方將「現代性」帶入「傳統」中國，也不像馬克思所宣稱的，是英國的大砲摧毀了中國古老的、緊閉的城牆。關於像是對費正清、馬克思所持之「西方衝擊論」的批評，請參見，謝宏仁，《發展研究之風雲再起：中國一帶一路對西方及其知識體系的挑戰》，（台北：五南圖書，二〇一八）。

[29] 亦有稱之為「統治型態」者，請參照，梁中偉，〈統治、理念型與歷史發展之例外〉，第一頁。

[30] Mommsen, *Max Weber, Gesellschaft, Politik, und Geschichte*, 2, pp. 223, 224，引自顧忠華，《韋伯學說當代新詮》，頁九九、一〇〇。

[31] Max Weber，簡惠美、康樂譯，《宗教與世界（韋伯選集II）》，（台北：遠流出版社，一九八九）。引自顧忠華，《韋伯學說當代新詮》，第一〇〇頁。

[32] Rex, "Value-Relevance, Scientific Laws, and Ideal Types," pp.161, 162.

[33] 林端，〈韋伯的倫理研究：兼論其二元對立的念型研究方法〉，《社會理論學報》，第六卷，第一期，（二〇〇三），頁一六九～一八八，第一六九頁。

[34] 前揭書，第一七二頁。

[35] 關於儒教是否可當作宗教，筆者抱持懷疑的立場。當然，筆者並不反對儒家思想影響東方（尤其是中國）甚劇。

[36] 林端，〈韋伯的倫理研究〉，頁一七二、一七四、一七五。

[37] 前揭書，頁一七九～一八一、一八五、一八六。

[38] 很明顯的是，在韋伯在實際生活中，他多次宣揚其信仰與價值，這應該與他的「人格」有關。顧忠華在闡釋韋伯對「人格」的看法時，引用韋伯的說法：「『人格』不是刻意去追求就會有的東西，可以得到它（還不一定！）的唯一途徑，乃是對『事理』（*Sache*）毫無保留的獻身」。請參照Max Weber, *Gesammelte Aufsaztezur Wissenschaftslehre*, 6 Aufl. (Tubingen: J.C.B. Mohr/Paul Siebeck, 1985: 494)，引自顧忠華，《韋伯學說當代新詮》，第二二六頁。

[39] Edward H. Carr, *What Is History?* (New York: Palgrave Macmillan, 1961), 2nd edition 1986, with a New

Introduction by Richard J. Evans (2001), p. 24.

[40] 謝宏仁，第四章〈鴉片的政治經濟學〉，《顛覆你的歷史觀：連歷史老師也不知道的史實》，（台北：五南圖書，二〇一七），頁一七三～二一六。

[41] 請參照，謝宏仁，《顛覆你的歷史觀：連歷史老師也不知道的史實》。

[42] Ho-Fung Hung, "Orientalist Knowledge and Social Theories: China and the European Conceptions of East-West Differences from 1600 to 1900," *Sociological Theory*, Vol. 23, No. 3, (September, 2003), pp. 254-280, p. 274.

[43] 達爾文（Charles R. Darwin）的鉅著一八五九在倫敦初版。完整的標題為*On the Origin of Species by Means of Natural Selection, or the Preservation of Favoured Races in the Struggle for Life*由John Murray出版。

[44] Albert Bergesen, "Cycles of Formal Colonial Rule," in Terence K. Hopkins and Immanuel Wallerstein (eds.) *Processes of the World-System*, (Beverly Hills, CA.: Sage Publications, 1980), pp. 119-126, p. 120, 121; Eric Hobsbawm, *The Age of Empire: 1875-1914*, (New York: Vintage Book, 1989), cited in Hung, "Orientalist Knowledge and Social Theories," p. 270.

[45] 王晴佳，《西方的歷史觀念：從古希臘到現在》，（北京：北京師範大學，2013），第一九八頁。

[46] *Ibid.*, pp. 199, 200.

[47] 當然，我們所熟知的答案是，新教倫理——獨特的宗教倫理與經濟倫理——在預料之外產生了西方才看得到的資本主義。筆者覺得，明顯得很，「西方為何而興起？」與「東方（中國）為何而衰？」是歷史研究（之一部），二元對立式的理念型之操作。難怪韋伯曾在某處說過，歷史研究本身亦是理念型。然而，在韋伯的「價值關聯」底下，二元對立式的詮釋架構在研究之初即已成形，接下來，韋伯的「歷史研究」變成（或簡化成）尋找一些能放入其解釋框架的歷史證據（或「事件」），讓預設的「理念型」變得更完美。難怪不少學者一方面對「理念型」感到愛不釋手，一方面還得為「理念型」的「完美性」多所辯護，像是，「理念型」在經驗事實中找不到完全相符的例證。但奇怪的是，為了證明其「完美性」，學者又暫時忘記自己方才說出在經驗事實中根本找不到完全相符者？看起來他們有雙重標準。

[48] Max Weber, "The Meaning of Ethical Neutrality in Max Weber," in Max Weber on the Methodology of Social Sciences," translate and edited by Edward A. Shils and Henry A. Finch, (Glencoe, IL.: Free Press, 1949), pp. 1-47, p.

78, 82, 引自葉啟政，〈重估Max Weber的「理念型」：後設理論的啟示〉，《社會分析》，第十六期，二月號，（二〇一八），頁一～六四，第三八頁。

[49] Weber, "The Meaning of Ethical Neutrality in Max Weber," pp. 88, 89, 引自葉啟政〈重估Max Weber的「理念型」〉，第三八頁。

[50] 洪鎌德，《法律社會學》。

[51] Parsons, "Evaluation and Objectivity in Social Science," p. 57.

[52] Paul Walton, "Max Weber's Sociology of Law: A Critique," in Peter Hamilton (ed.), Max Weber: Critical Assessment 1, Vol. 3(London and New York: Routledge, 1991 [1972]), pp. 287-299, p. 288.

[53] Collingwood，黃宣範譯，《歷史的理念》〔*The Idea of History*〕。

[54] 綜而言之，在上述的學術氣息的渲染下，這會否是所謂的「白種人的負擔」心理狀態之理論來源（之一）呢？也許吧！此時，讀者與筆者謝某確實存在著心有靈犀一點通之感。

[55] Gerhard Dilcher, "From the History of Law to Sociology: Max Weber's Engagement with the Historical School of Law," *Max Weber Studies*, Vol. 8, No. 2 (July, 2008), pp. 163-186, pp. 163, 164.

[56] Gerhard Dilcher, "From the History of Law to Sociology: Max Weber's Engagement with the Historical School of Law," *Max Weber Studies*, Vol. 8, No. 2 (July, 2008), pp. 163-186, p. 165.

[57] Stephen P. Turner and Regis A. Factor, *Max Weber: The Lawyer as a Social Thinker* (London: Routledge, 1994); Harold J. Berman and Charles J. Reid, "Max Weber as Legal Historian," in S. Turner (ed.), *The Cambridge Companion to Weber* (Cambridge: Cambridge University Press, 2000), pp. 223-239, Cited inGerhard Dilcher, "From the History of Law to Sociology: Max Weber's Engagement with the Historical School of Law," *Max Weber Studies*, Vol. 8, No. 2 (2008, July), pp. 163-186, p. 166.

[58] Richard Altschuler, *The living legacy of Marx, Durkheim, and Weber : Applications and Analyses of Classical Sociological Theory by Modern Social Scientists*, (New York: Gordian Knot Books, 1998); John A. Hughes, *Understanding Classical Sociology: Marx, Weber, Durkheim*, (Thousand Oak, London: Sage, 2003); Ken Morrison，《古典社會學巨擘：馬克思、涂爾幹、韋伯》，（新北市：韋伯文化，二〇一二）。

【59】Edward H. Carr, *What Is History?* (New York: Palgrave Macmillan, 1961), 2nd edition 1986, with a New Introduction by Richard J. Evans (2001), p. 124.

【60】至於為何本文認為可以將涂爾幹、馬克思二人同樣視為「沒有（中國）歷史的社會學家」，請參見謝宏仁，中國與沒有歷史的社會學家，《發展研究的非典型案例》（擬出版之計畫）。

【61】謝宏仁，《社會學囧很大[1.0]》，第二章〈還原真相：西方知識體系建構下曲解的中國傳統法律〉，（台北：五南圖書，二〇一五），頁五九～一〇一。

【62】Max Weber, *The Protestant Ethic and the Spirit of Capitalism*, (Taipei: Rive Gauche Publishing House, 2001); Jack Barbalet, *Weber, Passion and Profits : "the Protestant Ethic and the Spirit of Capitalism" in Context*, (New York: Cambridge University Press, 2008).

【63】Dilcher, "From the History of Law to Sociology," p. 183.

【64】洪鎌德，《法律社會學》，第一八六頁。

【65】請參照，謝宏仁（HongrenXie, as Vincent H. Shie）, "Restore the Truth: Traditional Chinese Law and Its Distortion by the Western Knowledge System," *International Critical Thought*, Vol. 5, No. 3, September, (2015), pp. 296-312.

【66】Hung, "Orientalist Knowledge and Social Theories," p. 276.

【67】柏樺、于雁，〈以「強盜」律例為中心〉，轉自《政治與法律》（滬），第八期（二〇一九），頁一三一～一四〇，中國社會科學網，http://www.cssn.cn/fx/fx_flsx/201310/t20131023_461307.shtml，檢索日期：二〇一九年二月一日。

【68】在法律的設置上，清代有使「成案」上升為「通行」的立法。請參照，胡興東，《中國古代判例法運作機制研究》，第十二頁。

【69】前揭書，頁一、二。至於元朝法律為何做出如此改變的原因，作者胡興東在專書中有詳細的解釋。

【70】廖英竹，〈從史學研究看「理念型」到底可不可行？〉，第二頁。

第四章　重讀經典《新教倫理與資本主義精神》

我們從小被如此告知：好書值得重讀！因爲經過了專家學者「認證」過的書籍，其中必定有啓發後人的論述。這樣的勸說，其背後的假定通常是年輕人需要繼承道統，而老一輩的人應該爲年少輕狂者選擇學科中的開山祖師或集大成者。其中選項之一就是挑出所謂的好書，或許要藉著好書讓我們學會停止批判？！但我們似乎從來不覺得「好書」在不同的觀點下，卻可能變成一本誤盡天下蒼生之作。如此一來，不多讀書就不被誤導，而喜歡讀書的人——他們最信前輩的話也接受著社會的肯定——反而得花費他們更多的時間，才能重新在不同的觀點底下進行思維活動。

開山見山地說，行文至此似乎也不得不如此，因爲我們還得以有限的篇幅「重讀」一本社會（科）學的「經典」之作，它影響無數的學子，其重要性早已無須贅言。但更重要的是，這「經典」掩埋了太多早該重見天日的歷史「事實」。如標題所示，在重讀這本經典之前，至少，我們還得先說明如何來進行這份工作。

本章分爲三個主要部分，首先介紹社會（科）學裡壽命最長的兩個理念型，直至今日，仍有學者不願目睹其日益衰老的模樣；其二，嘗試重讀一本「好書」，並且，以不同於先前觀點來加以看待，檢視是否能解決過去未解的難題；其三，由於我們所談的是理念型，並且也被告知，理念型「應該」與歷史進行對話，因此，必須找出被掩埋的歷史「事實」。然而討人喜愛的理念型之支持者，想必不樂見其出土的模樣；最後，總結本章的發現。

最長壽的理念型「新教倫理」與「資本主義精神」

一本爲社會學界所熟知的書，其概梗如下。它說，從十六世紀宗教改革開始，經過幾十年（或更久），我們被告知，讓人頗感意外地，全球「首見的」資本主義興起了。這是爲什麼？因爲這本書的作者韋伯看到了一群特別富有的人，他們擁有共同的信仰，造就了他們爲人處世的態度、行事風格，或者再加上其生意經，形成了某種獨特的經濟倫理。然而，韋伯不可能就此滿足於發現此種倫理，於是，資本主義的精神——也就是推動世界經濟的火車頭——也在充斥那種經濟倫理的地方被尋見。在這之後，當人們在逐利的同時，他們早已忘記宗教改革究竟爲何物，宗教改革與自己的信仰到底有何相干。

許多人不曾認眞研究過，甚至是就連花費少許時間上網搜尋都沒有，但筆者猜想，這一個世紀以來，討論過《基督新教倫理與資本主義精神》[1]（簡稱《新教倫理》）書中「新教倫理」與「資本主義精神」這兩個理念型的作者應該是數以萬計[2]。因此，若想要從既有文獻中找到對此這兩個概念詮釋的代表性人物（作者、研究人員）「成本」實在太高，而且依然難以說服眾人。另外，回想本書前面所寫，我們不也曾極具創意地從一篇社會系學生的期末報告的討論開始嗎?的確如此。於是，筆者乾脆便宜行事，「選擇」一篇近期的文章來討論，此文爲林錚教授所撰之〈從新教倫理到資本主義精神：從量變—質變因素來重新審視Max Weber的《基督新教倫理與資本主義精神》〉[3]，在這裡還是稍微說明爲何選擇這篇文章，這樣應該可以少受此嚴厲批評才是。

首先，也可能是最重要的理由吧！林錚在文章中提到《新教倫理》一書被許多的研究人員拆解過、組合過，分析過，然而在過去超過一個世紀的時間裡，因爲用錯方法，所以，在面對韋伯極其繁複的論證時，他們無法產生任何有意義的結果。換言之，過去的研究者即便再努力，也得不到林錚在其文章中所獲得的這般成就。因此，雖然在全球當中的知名度上，與德國最傑出的韋伯學專家施路赫特（Wolfgang Schluchter）[4]似乎還有些差距，但是，林錚上述的說法，已足見其雄心大志，也值得筆者撰文討論。其次，林錚相信新教倫理與資本主義的產生有關，這一點與韋伯十分相似，如果讀者打算重讀這本所謂「經典」著作的話，那麼，林氏的文章或許值得我們花點時間賞析。第三，林錚嘗試讓韋伯關於資本主義起源的說法繼續保持「原有的」說服力，當然，這或許不難理解，若是他打從一開始就計畫站在批判韋伯的這條陣線的話，那麼，他根本完全無須想方設法地以韋伯過去可能未曾想過的思考模式爲其辯護。林氏這樣的作法，在浩瀚的文獻當中，應該多少具有普遍性。第四，林氏試圖將韋伯的學說神祕化，簡單說，當他在分析《新教倫理》一書的觀點時，他以所謂的「臨界點」一概念來說明新教倫理如何「質變」成「資本主義精神」，具體而言，用其說法是：「資本主義精神」乃是「新教倫理」的化身[5]。然而，筆者認爲，這樣的作法，壓根兒無法解決問題，只是將這兩者神祕化而已，其實質助益，其實並非如林錚所想像的那麼大。

附帶一提，雖然林錚對於韋伯的許多論點的確是在批判的視角下來進行，不過，我們也不該忘記，林氏對於韋伯的「新教倫理」與「資本主義精神」這兩個理念型之間的親合關係仍表態支持，本文認爲，他的確也必須（先）相信韋伯所言，否則其研究將難以進行下去。具體而言，林錚教授似乎選擇全盤相信，是新教倫理促使資本主義產生。

以下，我們再分幾個子題來討論。首先，來看「『歷史』不能忘！」這件事，但爲何林錚選擇不論；其次，我們看看林錚撰文之目的，因爲《新教倫理》確實引起不少爭論，所以，必須瞭解其原因；再次，林氏所提的「解決辦法」，也就是所謂的「複合式概念」，一個世紀以來，林錚是首先將之套用於《新教倫理》這本擲地有聲、影響力極大的著作，理應深入探究；最後，林錚談及辯證法，再加上自然科學「臨界點」的觀念，認爲他已經解決百年來學者們「白費力氣」的這個問題。

「歷史」不能忘！

極具創意的社會學者——林錚即是顯例——應該不少，只不過平時因爲工作忙碌，使得他們經常（暫時）忘掉了什麼是「歷史」？依稀還記得，可能是基於某種目的，小時候老師們常常說：「歷史不能忘」！當然，那時候我們並不清楚其內涵。不過，長大之後，懂事了些，倒是還記得大師韋伯曾經這麼勸誡過：熱愛著「理念型」的研究者（按理說）應該要經常與歷史「事實」[6]進行對話。也許，歷史「事實」之中，可能蘊藏著重要知識吧！所以必須重新賦予歷史更多的目光。記得一九八〇年代，有幾位（歷史）社會學家曾大聲疾呼[7]，鼓勵社會學家應該正視歷史，不過很可惜，在社會學界似乎並未獲得太大迴響，並且似乎向來都是如此。

在先前章節中，我們曾經討論過歷史研究與理念型之間的內在衝突（或矛盾），這裡我們簡略回顧亦無妨，因爲兩者間似乎存在著難以相互妥調的部分，例如，在某種「價值關聯」下產生的「解釋框架（詮釋架構）」而形成的理念型與研究者之「自由心證」，研究者容易在自己的價値底下找到符合「框架」的歷史「事實」而放棄他者；理念型所追求者爲邏輯一貫、前後無矛盾的類型學（typology），歷史研究則在意諸事件之間的因果關係，二者所追求的目標差異甚大；另外，理念型並非歷史實體，研究者只是透過理念型來建構其詮釋框架。那麼，我們要以何種方式來確認「解釋框架」沒有問題呢？又如何得知這「框架」是合理的呢？換句話說，歷史研究最重要的事（之一）便是讓諸事件之間的因果關係得以呈現，如果「理念型」可以幫助我們理解所身處的世界，能讓我們更清楚地知道（重要的）事件爲何發生？哪些原因造成某些結果？這是研究人員的期待。不過，如果研究者的「解釋框架」因爲自身的偏見而出了差錯，那麼，在操作理念型的時候，將無可避免地受到影響，進而影響研究者對歷史「事件」之間因果關係的理解。這是筆者所擔心，卻也是「新教倫理」與「資本主義精神」這兩個理念型在韋伯的操作底下，誤盡了天下蒼生。稍後我們將會看到林錚本人也同意金耀基的說法，認爲「儒教倫理」也同樣能轉換成「資本主義精神」[8]。倘若如此，西方資本主義的獨特性又要如何顯現呢？

我們應該記得，林錚清楚知道，研究人員應該要能經得起考驗，具體而言，他清楚指出：「Weber……沒有理由（事實上他本人也沒有）迴避史實驗證這項強列要求。Weber學研究者在此所能做的，乃是正視史料對理論詮釋所帶來的挑戰與困難」[9]。不過，本文覺得，這只是口惠而已，因爲林氏並未眞正在意史料對「新教倫理」與「資本主義精神」

所造成的威脅。

靜默的《新教倫理》在衆聲喧嘩中

在這小節中，我們將討論三個子題，首先，對林錚在文中之副標題——「眾聲喧嘩中的《新教倫理》」[10]——底下所論到的歷史「事實」進行論述，本文重點在於，林氏明知不少歷史「事實」並未支持韋伯在《新教倫理》中的論點，但林氏卻選擇加以迴避，假裝對韋伯論點並未造成任何傷害；其次，介紹所謂的「複合性概念」，這是一種從自然科學推導出來的觀念，我們來看林錚教授如何運用這一觀念；再次，討論林氏的「量變到質變」與「臨界點」，這可說是一種神祕化的過程，與韋伯的除魅化正好相反，但爲了支持韋伯，這倒也無妨。我們先看看眾聲喧嘩所爲何事？

「衆聲喧嘩」所為何事？

這個副標題告訴我們，林錚應該不認爲《新教倫理》[11]一書值得學者們爲了某些歷史細節而爭得面紅耳赤，其眞正的原因或許不是短時間內可以講得清楚的。但筆者認爲，林氏在自身的「價值關聯」之下，形成其「詮釋架構」，即「新教倫理」讓「資本主義精神」得以在西方世界的潤土裡頭發芽、成長與茁壯，這種解釋框架使林錚失去釐清史實的機會，而只能與韋伯一樣地告訴我們，在某種（些）情況下，「新教倫理」已經轉換成了「資本主義精神」，甚至是說後者是前者的化身。可是，林氏明知許許多多的歷史「史實」是「新教倫理」與「資本主義精神」兩者間（假定的）密切關係的反證。不過，林錚對於韋伯在歷史上無法解答的問題；同樣，林氏也沒有想要回答的事實，即使他知道歷史研究者應該多少關心一下諸事件間的因果性。進一步，林錚選擇相信「新教倫理」在某種情況下會轉換成先於資本主義出現的「資本主義精神」，當然，我們應該尊重林氏的「價值關聯」。事實上，他在文中也指出不少學者曾經批判過韋伯在《新教倫理》留下了與歷史「事實」不符的說法。那麼，林氏到底知道些什麼？我們臚列其中幾項。以下，我們以一個段落來談談林錚在文中所陳述的「事實」。筆者覺得，以下的「事實」，對歷史研究者而言，有其重要性。

首先，韋伯認為喀爾文主義讓市民階級逐漸形成。筆者認為，這是「理性化」過程的一個面向，但Trevor Roper反對韋伯的說法並翻轉其因果性，Roper認為市民階級有意願加入喀爾文教派，而不是前者——喀爾文主義——讓某種階級形成[12]。其次，Werner Sombart（宋巴特）為韋伯舊時的同僚，不過，對尼德蘭（荷蘭）經濟有不同看法，Sombart認為是猶太人支撐著該國的經濟，而非新教徒[13]。第三，關於預選說，以及其導致的內在緊張性（「心理焦慮」），這在韋伯學說中，占據相當的重要性，因爲這是產生「資本主義精神」，推動著商業巨輪的重要動力來源。可是，根據Marshall Knappen研究了都鐸（Tudors）時代清教（徒）的神學相關著作之後，並未發現教徒內心有著韋伯認定的焦慮感[14]。那麼，如果韋伯所說的內在焦慮感或緊張性，不僅在別的地方找不到，而且在清教徒（新教的一支）也找不到的話，那麼，韋伯整個資本主義起源於西方之說，豈不完全崩盤了嗎?恐怕是的。第四，Luciano Pellicani則指出，直到十七世紀末，喀爾文教派統治下的日內瓦（Genève）根本不是經濟發展的重鎮，屬於英國國教派的英格蘭地區其經濟發展還遠勝新教教區的蘇格蘭。此外，我們還得考慮比利時這個經濟發展良好的天主教國家[15]。從以上例子告訴我們，林錚完全忘掉韋伯同時也是公認的歷史比較研究之巨擘，應該對上述不符合其「新教倫理」與「資本主義精神」之間親合關係的事證進行辯駁才是，但可惜他沒有。不過，林錚確實清楚知道韋伯是操作「理念型」的大師級人物，所以，他肯再爲「新教倫理」與「資本主義精神」這兩個理念型說點話。

這裡，筆者認爲，讀者仍舊必須假定韋伯所言之資本主義起源相關論述是對的，否則，本文還是難以繼續下去。是故，還請讀者提醒自己，當西方國家宗教改革之後，世界之彼岸，也就是韋伯關心的東方社會（特別是中國），眞如韋伯所言，開始走向衰退?韋伯或許沒有明言。在韋伯的心中，只有在宗教改革之後，「世界」才開始其理性化的過程，對利潤的追求，再投資與利潤的極大化等等，在韋伯所處的「世界」中意料地產生資本主義。換句話說，只有在宗教改革——新教倫理於焉產生——之後，資本主義精神得到解放，除魅化、世俗化的過程如火如荼地在社會的各個層面開展起來。韋伯終於找到理由——西方「資本主義」——來告訴我們這個世界變了，西方亮起來，東方暗下去。緩緩地，一邊愈來愈亮，一邊愈來愈暗。百年來，我們的瞳孔早已習慣這種昏暗的光線，而失去放大或縮小的功能。

但在我們暫時性失憶的情形下，林錚到底選用什麼方法讓「新教倫理」與「資本主義精神」兩者的關係得以延續下去，而且，看起來仍具重要性，雖然上述問題沒有一個足以引起他的興趣。不過，林錚倒是在文章一開頭就提到Raymond Aron（阿宏）對歷史學與社會學的看法，他認爲這兩者都是「講究因果關性的科學」，歷史學因果性乃是「引發某一事件的獨特情境（circonstances）」；社會學因果性則「假定兩個現象之間一種規律關係的建立」，Aron進一步指出，「理想類型（*idealtypus*）概念乃是結合以上兩種因果性，而成爲Weber認識論學說的核心」[16]。當然，林錚所感到興趣的絕非是歷史學因果性，而是社會學因果性。我們得看林錚運用何種方式將「新教倫理」與「資本主義精神」結合在一起，根據林錚的說法，這與所謂的複合性概念有關。

複合性概念（非線性發展）

與過去我們相對熟悉的線性發展相較之下，非線性發展——或許這是後現代主義者所擁抱者——這類概念可能給我們更多啓發，林錚對此多所談論。他注意到一個問題，那就是：新教倫理和資本主義兩者間的關聯，是如何變成可能呢？具體而言，林錚留意到（幾乎）所有的學者都注意到以下的可能性，那就是：基督新教倫理「引發」資本主義精神。筆者認爲，這種可能性正如林氏所言，幾乎所有學者都做如是想，包括筆者，在本書的前身——也就是《社會學囧很大[1.0]》之中——已經證明理念型無法提供歷史「事件」之間的因果關係，充其量只能表現其親合關係而已[17]。若果如此的話，林氏所謂的「引發」，不免讓人想到是否像韋伯那樣，故意將親合關係包裝成因果關係呢？這不無可能。那麼，另一種可能性又是什麼？這種可能性少有人發現，但林錚引用韋伯在其方法論中的說法，而提出以下的可能性，那便是：新教倫理本身「轉變成」資本主義精神的可能過程[18]。以下韋伯曾說過的一段話，對林錚來說極具啓發性，韋伯這麼說：「『提出具有約束力的種種規範與理想，以便可以由這些規範與理想爲實踐導出方案』，這絕不會是一門經驗科學的任務。」[19]於是，林錚進一步比較上述兩種可能性——即新教倫理「引發」／「轉變成」資本主義精神——的意涵。林氏說：「這兩種可能性之間的差別，取決於不同的世界觀，一是規律性的，一是持續變動的」，在前一種——也就是我們習以爲常的——觀點裡，「規律性的不規律」與「不規律性的規律」都是無從想像的特徵。因爲無從想像，所以令人懷疑這似乎成了一個神祕化的過程，但到底林錚還想告訴我們什麼呢？我們來看他到底說了什麼？

讀者務必記得，在以下的分析中，讓我們暫時「忘卻」韋伯無法解釋的那些對於新教倫理與資本主義緊密關係——無論是「引發」或是「轉變成」——的歷史證據！否則，吾人之論證將難以繼續進行。還請記得筆者的提醒並原諒如此的嘮叨。以下我們將看到林錚盡其全力，要使「新教倫理」與「資本主義精神」這兩個理念型延年益壽，如此「捨己救人」的精神著實令人感動。另外，論到韋伯的粉絲團，我們還得提一下，在不那麼精要的主觀感受下，筆者認爲林錚對於韋伯學說的讚嘆程度，在華文世界中，大概可說是僅次於將中國改革開放之所以成功歸因於文化大革命的顧忠華教授[20]。林錚道出他心中的想法：

《新教倫理》一書所引發的爭議，不但種類繁多且數量可觀（加上本章的一筆）。評論者花費將近百年的時間（或許已超過一個世紀了！）把這部作品的細節拆解再拆解，反覆檢查一一化整爲零、化零爲整，這正是面對**線性系統**（粗體爲本文所加）問題的標準處置。他們可能會發現，即便吾人對《新教倫理》進行最精密的切割與剖析，也能順利找到最爲簡單（卻也是最有可能以偏概全）的表述方式，但面對Weber複雜無比的解釋與論證，這項史料考證的工作，**註定會徒勞無功是一個不難想像的結果**（粗體爲本文所加）[21]。

的確，誠如林錚所言，實在有太多的學者對《新教倫理》這本書反覆進行了拆解、重組、再拆解，與再重組的過程[22]，不過，因爲這些人——包括筆者——使用線性系統對問題的標準處置，所以無法瞧見林錚（與Weber）在混亂中所看到的秩序，因爲林氏運用非線性系統的處理方式，這使他有能力來應付複合性現象，而「新教倫理」與「資本主義精神」正是在紊亂中所表現出來的秩序。不過，觀察林氏的說法之後，感覺自己過去的努力——即使有的話——「註定會徒勞無功」，不勝唏噓。然而，現在他還得拾起悲傷，繼續弄懂所謂的「複合性現象」。林錚繼續說道：

> 探討複合性現象，就是證實一種**非線性系統**的存在（粗體爲筆者所加）。《新教倫理》命題的問世，彷彿**不斷嘲弄著**（粗體爲筆者所加）同時代的社會科學工作者，他們汲汲於探求類似大自然的秩序，卻將社會中不規則的部分視爲可以捨棄不計的些微誤差。然而，Weber筆下的要角，不論是資本主義精神或者新教倫理，其發展所表現的紊亂、鋸齒狀前進、破碎扭曲等特徵，使得習慣於「化整爲零」或「化零爲整」可逆過程的線性

思維，幾乎無用武之地。相較深感困惑的評論者，Weber本人的視線**似乎**（粗體爲筆者所加）穿越了那堆隱藏在命題中的混亂，看出了一個精緻的發生結構，亦即**紊亂中另有其規律性**（粗體爲筆者所加）。從中主宰著結構的微小擾動聚集所形成的意外，乃是長期浸淫於古典因果律裡（觀察周而復始的規律行爲）的讀者們無可想像的可能性[24]。

關於以上段落，筆者有以下四點看法。第一，林錚認爲《新教倫理》這個命題的出現，彷彿在嘲弄「同時代」的社會科學工作者，因爲他們汲汲於探求類似大自然的秩序。雖然筆者並不清楚林氏所言的「同時代」指的是什麼時代，但因爲研究過韋伯學說、論點者，過去亦曾利用自然界研究的成果，習慣在社會中尋找其規律性，而忽略掉「不屬於線性系統的東西（如偶然、不確定、複雜、矛盾、不正常等）」[25]。雖然，林錚所批評者並非全無道理，因爲其論文讓筆者回憶起一九九〇年代中期，在選修世界經濟體系大師華勒斯坦（Immanuel Wallerstein）[26]的課程。當時，華勒斯坦介紹大家一本「新書」，也就是《出於混亂的秩序》（*Order out of Chaos*）[27]該書由諾貝爾將得主Ilya Prigogine與知名哲學家Isabelle Stengers所著，兩位作者探討熱力學產生的哲學意涵，華氏運用其自然科學的研究成果，試圖在社會科學裡找到可以應用的時機，而這不就是林錚感到不以爲然的地方嗎?事實上，Prigogine和Stengers正是將自然科學應用在社會科學的學者，只是，過去自然科學強調「規律性」（這是林錚所反對者），之後，自然科學也開始留意到「不規律性」。本文稍後也會指出，其實林錚所強調者，也（可能）源於自然科學[28]。

其次，林氏提到「Weber筆下的要角，不論是資本主義精神或者新教倫理，其發展所表現的紊亂、鋸齒狀前進、破碎扭曲等特徵」，但說實話，筆者實在難以看出林氏在文章中解釋到底爲何產生所謂的「紊亂」、「鋸齒狀前進」，或是什麼「破碎扭曲」等現象，無論所指的是其「新教倫理」或是「資本主義精神」。具體而言，但僅舉一例已足，什麼是「資本主義精神」的「破碎」而「扭曲」的特徵呢？不知道！因爲林氏根本沒說。林氏只想提出一些類似「不規律性」的特徵，才能讓韋伯在「新教倫理」與「資本主義精神」二者之間的（某種）關係之論述得以持續下去，也才能滿足林氏所謂「非線性系統」這樣的理念型。第三，林錚說：「Weber本人的視線似乎穿越了那堆隱藏在命題中的混亂，看出了一個精緻的發生結構，亦即紊亂中另有其規律性」。言下之意是，林錚「覺得」韋伯好似看見混亂中的秩序，但也不是非常確定。如果能夠加以確定的話，要提供一、兩個具體的例子應該不難才對，可惜他沒有如此做，而選擇寫上「似乎」，就宣稱韋伯好像從混亂中看到出口，走出去之後，一個看似精心設計的結構正在形成。簡言之，這些句子看起來「似乎」很有道理，但缺乏合適的例證而已。

第四，林錚並不是很確定韋伯到底是否知道非線性系統[29]所云爲何？這可以從他的話中看出端倪，林錚說：「根據Weber的表達（**雖然不算明確**〔粗體爲筆者所加〕），穩定中會滲出不穩定，失序中會帶出秩序。這說明了一事：《新教倫理》展現的其實是一種提問（problematic），而非解答——假如研究對象的狀態是進行式而不是完成式，是形成而非存在」[30]。筆者的問題很簡單，那就是：爲何能從失序中帶出秩序，韋伯的《新教倫理》已經不是（資本主義起源的）解答，而變成「提問」？到底又問了什麼？另外，研究對象的狀態並未完成，仍在持續進行著，這代表了什麼？韋伯不是早已說過，宗教改革之後，在資本主義發展的過程中，與宗教有關的思維豈不早已發生作用了嗎？如果，「新教倫理」或其化身「資本主義精神」還在進行著，唯一讓筆者想到的是：「新教倫理」與「資本主義精神」絕對是全球最長壽的理念型了，它們已經存在一個世紀以上，可說是人瑞等級。而且，對林錚而言，它（他）們還眞勇健呢！以上，我們所看到的是：林錚使盡全力，務要使這（對）「進行式」的理念型繼續健康地活下去。我們應該期待它（他）們會產生某種變化！不過，我們還得先看看爲何林錚的說法相當類似於《混亂中的秩序》。

在《混亂中的秩序》一書中，Alvin Toffler爲Prigogine與Stengers二位作者撰寫了〈前言：科學與變遷〉，Toffler談及：

Prigogine與Stengers主張機械時代的傳統科學傾向於強調穩定、秩序、一致，與平衡。大致上，這是一個封閉的系統，它所關心者爲（一種）線性關係，在此系統中少許的投入（只能）產出微小的結果。從大量投入能源、資金，與勞動力的工業革命過渡到高科技的社會。在這樣的社會裡，資訊與發明變成極爲重要的資源，此種科學的世界需要新的模式，這並不讓人感到意外。

在Prigogine典範裡特別有趣的現象是，它將（人們的）注意力轉移至加快的社會變遷這樣的現實面，像是：失序、不穩定、分化、不平衡、非線性發展（在此系統中，少許的投入可能引發巨大的變化），與時間性——對於時間的流逝有著高度的敏感性。

我們先假定Toffler所說的「過渡性」可被多數人接受，那麼，就筆者所知，這種「過渡性」最快也得等到一九八〇年代初期，或者在該書完成時的一九八〇年代中期。因爲以上段落提到高科技時代的「資訊與創新」（information and innovation），簡單說，上述的「過渡性」應該發生在一九八〇年代，或是更可能得到一九九〇年代中期之後，那時全球已經開始被網際網路連結。是故，林錚的論點似乎觸犯時代（時序先後）錯誤的問題。但還請讀者先暫時忘記這事，因爲我們還得看看林錚的說法，和Prigogine及同僚的說法之相似性。其實，林氏在文中一直想告訴我們，可以用不同的角度來看待「新教倫理」與「資本主義精神」，建議我們不能再用過去所強調的秩序、穩定的線性系統來觀察這兩者間的關係，而應該用非線性系統裡的失序、不穩定、不平衡，與偶然性來思考兩者的關係，因此，林錚所言與Prigogine的典範並無二致。但不同之處在於，林氏討論的是十六、十七世紀的事，而非發生二十世紀晚期。簡單說，林錚批評社會科學工作者想從自然科學裡得到些許啓發，以求能更多瞭解大師韋伯，但無論他們怎麼努力，也註定「徒勞無功」。實際上，林氏自己倒是頗喜歡（偷偷地）運用自然科學的想法，企圖重新發現「新教倫理」與「資本主義精神」二者之間的關係或者演變。

這裡，我們小結上述段落。林錚告訴我們，「同時代」——雖然我們仍不知道他指的究竟是什麼時代——的社會科學工作者孜孜矻矻地尋找自然科學的「規律性」，連他自己也從自然科學尋找「不規律性」嗎？不都是跟著自然科學的步伐來走？不只如此，林氏還回頭討論到在家裡的冰箱都可以看得到的現象，並且從這個現象當中得到啓發，這個現象叫做「相變」，在複合性觀念的有關現象裡頭可說相當重要，有助於（並以一種不同於傳統的方式）明瞭《新教倫理》的書寫方式[32]。

「量變到質變」與「臨界點」

一言以蔽，「相變」指的是物質從一種狀態轉變到另一種狀態。像是水凝結成冰，從液態到固態，或者，將水煮到沸點變成水蒸氣，從液態到氣態，這些現象都遵循著「相變律則」。進而，林錚繼續解釋道：

水變成冰，起因於水分子聚集造成型態上的轉變——單一水分子不足以結成冰。上述這種奇妙現象取決於作用力從量到質的變化。作爲尺度的「量」能夠改變「質」，甚至會影響吾人（林錚）認識到何謂眞相、什麼是可能的、什麼是存在的這類問題……尺度的改變意味著相應作用力的更替：就像僅有大尺度的物體才能感受到重力一樣，分子能聚集在一起則歸功於靜電力。量的差異決定了尺度是否改變，更有可能因此引起質的極大的不同。以此，量只要超某個臨界點（critical point），就有可能造成量變—質變[33]。

當然，這裡最重要的並非水分子在型態上的轉變，也不是花時間去思考爲何水分子的改變可以拿來解釋社會現象。對林錚而言，最重要的是，無論如何也要讓「新教倫理」，因爲其教徒的增加（量變）而產生「資本主義精神」（質變），如果讀者還記得，我們得先忘卻許多的歷史「事實」，特別是那些不符合「新教倫理」與「資本主義精神」理念型的那一些。

林錚終於打算告訴我們到底發生了什麼事。他繼續說道：

> 《新教倫理》一書的主要論點，可大略表述爲量的累積（新教倫理）經由臨界點而達到量變—質變（資本主義精神）……選擇性親近可被定義爲一種不穩定、必須超過某一臨界點才能成立的關聯。「臨界點」的存在，使得因和果之間不存在一種簡單關係……若忽略了量變—質變的表現，吾人可能會在量的累積尚未成熟這個階段，就急於搜尋資本主義精神「萌芽」的痕跡[34]。

這一段落，讓筆者產生幾個想法。首先，毫無意外地我們又再次看到有學者奉韋伯的學說爲圭臬，「新教倫理」一定會產生「資本主義精神」，這只是時間的問題而已。在什麼時候呢？時間就座落在「臨界點」上，無須眞的去找一個具體的時間。當然，韋伯告訴我們，在別的地方不可能會有，相信林氏也毫不懷疑。當然，與這兩個理念型不合的歷史「事件」，我們還是無法回憶，不然的話，我們只能自己嘗試著找答案，韋伯與其支持者——包括林錚本人——絕不可能花時間在處理歷史「事件」之上，尤其是前述那些不符合理念型者。其次，先前林氏已先下結論，認爲社會科學工作者所作所爲註定是「徒勞無功」的，這個說法，在此也得到迴響，因爲「量」還不太夠，自然無從找到「資本主義的精神」啊！具體而言，過去，大家都忽略，原來還沒到那個「臨界點」，所以，「徒勞無功」也是理所當然。最後，筆者所疑惑者——爲何水的物理型態可以拿來解釋西方爲何興起？東方爲何衰退？這個問題——應該還是得放在心裡面了。人類的歷史眞要水分子來幫助我們理解嗎？

重讀《新教倫理與資本主義精神》

一本好書，通常會被翻譯成好幾種語言，這大概是每位作者都想達到的目標。就不同語言的譯本而言，除了作者的母語之外，中文與英文應該是閱讀人口相對較多的。好書確實值得一讀再讀，因爲讀者在每次閱讀後所得到不同的正向啓發受惠，這是一般的情形。不過，筆者認爲總有例外，《新教倫理與資本主義精神》[35]（*The Protectant Ethic and the Spirit of Capitalism*）[36]正是其一，雖然毋庸置疑，這本書是社會（科）學院裡，必讀之經典，的確啓發不少年輕學者[37]。不過，倒也未必全都是正向的，就社會（科）學的整體發展而言，筆者認爲。本小節首先探討在宗教改革之後，是否眞如韋伯所言，「資本主義精神」完全被釋放出來；其次，喀爾文教義是否亦如韋伯所堅持者，與所謂的「資本主義精神」存在著緊密的親合關係；再次，檢視上帝的召喚（calling呼召）之原義，與伴隨而來的「內在緊張性」，如果後者確實存在的話。

釋放「資本主義精神」

上述的問題縈繞於資本主義精神——永無止境地追求（可能超越所謂的「合理的」）利潤或稱之爲利潤的極大化（包括資本的再投資）——到底從何時開始？韋伯知道十六世紀宗教改革這個歷史的斷裂點。對歷史學者韋伯而言，這時期是人類歷史的突破點（breakthrough），此時由於宗教教義與倫理的改變，最終導致「資本主義精神」被釋放。當然，從長久束縛一朝解脫，在接下來的某個時期，在所有條件——像是常備軍隊的設立、「現代」醫院、教育體系、法律制度（特別是形式合理的那種），或許再加上（上帝根本不想一瞥的）奴隸制度，與橫跨亞、非、拉丁美洲殖民地的有效管理等等——都臻於成熟之下，一種「（西方人獨有的）精神」，驅使著世界上所有人——不管他們是否願意——每天在「日常生活」裡打轉著，但資本累積的速度卻愈來愈快。於是，財富在極「合理（理性）的」情況下，便落在那些具有企業家精神的資本家的口袋裡。韋伯如是說，資本主義的「精神」為我們寫下「過去」，我們所擁有的「現在」，與即將擁抱的「未來」。為什麼呢？因為韋伯說：有別於天主教會，在宗教改革之後，人們逐利的動機完全被釋放出來，於是大家開始忙碌工作起來。

簡單說，韋伯經由比較天主教的教義（與其經濟倫理）之後，而做了上述闡釋，換言之，韋伯堅持在宗教改革之前，人們反對追逐利潤，特別是高於「合理的」利潤，這或許是歷史的巧合吧？！這話聽起來倒有點像中國的士大夫不怎麼喜歡唸書，而去做讀書人不應該做的事，但在宗教改革之後，經濟倫理變了，人心改變，社會也跟著變遷，開始容許競逐利益，而且逐利愈多，財富累積愈多，信徒更可以確信自己就是上帝的贖民。當然，理性化的過程得花時間，資本主義也得在資本主義精神得到解放之後的一段時間才能被看出雛型，所以，有學者選擇為韋伯辯護，因為韋伯根本沒說過新教倫理「導致」資本主義產生，韋伯確實沒有、也不能直接說。不過，我們應該還是可以從他對「新教倫理」與「資本主義精神」看出，後者與資本主義的產生有所關聯，當然，前者也是。若非如此，韋伯根本就不需要找一群努力賺錢（來榮耀上帝）的人來「擔任」那些具有企業家精神的資本家。但即使如此，還得提醒讀者，筆者曾指出，社會經濟結構同樣可能讓人們因為競爭的壓力而努力追求更高利潤，然而這與某種「精神」未必有直接的關係。

在此筆者倒提出一個問題，或許如此還算負責任些。有個看法是如此說：從所有層面上來看，中世紀歷史學者一致認爲，所謂的「資本主義精神」早已存在於中世紀前期了（Low Middle Ages，也就是Early Middle Ages，或稱「黑暗時期」，the Dark Ages，大約在西元一千年上下）。這時期遠早於韋伯所認爲新教倫理的出現。爲此，我們或許應該看看一、兩個例證。Pellicani在其〈韋伯與喀爾文主義的迷思〉一文中就曾指出，St. Godric de Finchale（或稱St. Godric, c., 1065-1170）這位英國的隱士，更重要的是，這位眾人所喜愛的「聖者」——雖然他未被正式「封聖」過——同時也是一位商人。對利潤的追求，幾乎主導了St. Godric所有的行爲，其著名的資本主義精神（*spirituscapitalistus*），令人難以相信他僅只爲了生活所需而努力，他將利潤用來支助並擴展貿易。另外，他更加留心於任何可能爲商品帶來高利潤的市場，這正好是教會——堅持所謂的「公平價格的經濟教條」（economic doctrine of fair price）強力譴責投機行動的對比[38]。

啓人疑竇的是，韋伯怎麼可能沒有看過類似的說法，那就是：所有中世紀歷史學家一致認爲資本主義的精神早已發生，絕非僅僅在宗教改革之後。既然如此，相信應該不難找到更多例證才是。另外，Lewis Mumford在其著作中，明白揭示反對韋伯的主張，他認爲：「資本主義精神發芽於十字軍東征之後，也就是從十一世紀開始……〔而非〕不幸地如韋伯欲使許多人相信在十六世紀喀爾文主義到來時[39]〔才可能發生〕……」。Armando Sapori亦發表過類似論點，他認爲：「十三世紀的先驅者，資本家以其〔獨特的〕心態、理性，與其眞實之生意量，的確是許許多多家庭的前行者，這些家庭帶著他們的精神與實際行爲的優化，將其生活帶進了一個正在擴張的系統之中」[40]。除了先前提到的St. Godric之外，在此我們也看到Mumford與Sapori同樣察覺所謂「資本主義精神」分別在十一世紀與十三世紀這兩個不同時期出現，無論早晚，都遠遠地早於韋伯所認爲要到十六世紀宗教改革之後。不過，很明顯，韋伯並未發掘出這些歷史事實，或者是，他即使看到，但必須忍痛放棄這些「事實」，唯有如此才能回答他所認爲最重要的問題：西方爲何興起？然而，歷史「事實」告訴我們的卻是，資本主義精神的起源，應該與十六世紀的宗教改革無關。

這小節我們談到韋伯認爲獨一無二的西方資本主義發生的必要條件，也就是資本主義精神。這裡，或許應該提醒讀者，在前著《社會學囧很大[1.0]》裡，筆者花費一整章篇幅來證明在儒教倫理中同樣可以發現韋伯所看到理應再西方才看得到的某種「精神」[41]。當然，就如前著所述，倘使儒教倫理——特別是關於經濟倫理——的部分也同樣可以發現新教倫理才能發現者，那麼，韋伯給我們的答案——也就是資本主義使西方得以崛起——就變得不可信。筆者認爲實情正是如此。

喀爾文主義與「資本主義精神」

簡單說，韋伯相信在宗教改革（the Reformation）之後，教會（與其信徒）對於金錢的觀念發生重大轉變，否則，他應該就不會對新教的經濟倫理——容許信徒盡量追求財富累積資本——大感興趣，這樣的推理應該不無道理才是。關於財富積累這件事，本書曾經提過，人們喜歡追求更多財富，無論是爲自己或下一代，這似乎是天性，雖然難以證明，但似乎也無須證明，因爲有句俗話說「人爲財死、鳥爲食亡」，不就已經暗示（或明示）人們想要擁有更多（財富）乃是天性使然？賺錢這種社會行動好像不是眞的需要某種經濟倫理來推動，所需要的更可能是該鼓勵人們運用符合道德規範的方法來累積財富。不過，爲使本文能夠繼續，我們還先假定韋伯說得沒錯。在十六世紀的宗教改革之後，人們對於持續賺取並積累財富這件事已與天主教對於競逐財富的鄙視態度有所轉變。換句話說，在宗教改革之前，天主教之教義並不喜歡信徒（甚至是非信徒）「販售其各式各樣的商品來獲取最高的利潤」（to make the most profit for every type of goods），因爲「這與教會斥責所有投機行爲」（the reprobation of the Church for every form of speculation）的態度形成極大的對比。這是我們向來認爲天主教訓誡教徒不應「過度」追求財富。換言之，信徒應該追隨上帝而非金錢。

韋伯告訴我們，而過去我們也一直相信，在宗教改革之後，人們對於追求財富這件事似乎從天主教的桎梏底下得到解脫。具體而言，在喀爾文教派——特別是其「預選說」——的教義底下，「追逐金錢」（而非上帝的教誨）與「得到救贖」在韋伯的巧妙安排之下，竟然產生選擇性的親合關係，因爲信徒永遠無法得知自己是否眞是上帝的預選之民，於是，他們的內心產生緊張感，只能不斷地藉由累積財富這件事來榮耀上帝，同時也藉此鞭策、激勵自己乃是上帝所預選之人[42]。當然，韋伯認爲——他也希望讀者能相信——資本主義在不預期的情況下產生。對韋伯來說，資本主義只可能出現在新教徒聚集的地方，因爲在其他地方——例如，東方的中國——人們不可能在內心產生緊張感，也就無從需要去不斷累積資本，自然資本主義也就不會產生。當然，這是韋伯「理性化」漫長過程的一部分，並非一蹴可幾，後來，社會各個層面也相繼進入此一過程，包括法律。於是，韋伯同樣巧妙地以德國民法爲其心中之範本，說服我們相信形式理性的法律才是進化的最高階段，因爲，這同樣是資本主義得以發展的必要條件。如此，韋伯不僅爲後世「解答」西方何以興起的原因，也就是資本主義出現於西方世界，同時，也留下了「英國問題」（與「中國問題」），我們在先面章節嘗試解開這些疑惑。但這裡還有新的論點值得再提。

我們幾乎從來不曾懷疑韋伯所說的，例如，爲何「榮耀上帝」這件事只能用累積財富——也就是賺很多錢來表示？喀爾文（John Calvin）眞的如此對信眾講道嗎？一位有心徹底改革天主教教會諸弊端的傳教者，眞會鼓吹其信眾努力賺錢來讚美上帝嗎？而且，難道榮耀上帝僅此一途嗎？

我們看看以下喀爾文在他最後的幾場講道中的論述，一段可能讓韋伯及其支持者感到此許訝異的話，他說：

在井然有序的神家裡，一個放高利貸者令人難以容忍……（任何）謀取高利息者都必須被破窗排除……毫無疑問地，放高利貸不僅是一項邪惡且不誠實的賺錢方法，而且還更不是一位基督徒與誠實的人所該從事（的工作）。任何人要想穩定地從高利貸獲得（巨額）利潤，他就是一位掠奪者，日後（必然）會墜入在自己（所撒的）罪孽（坑）中。我們要永遠牢記，一個（若）總是想著賺錢這碼事的人，這個人不可能不與兄弟產生齟齬；基於以上理由，必得將高利貸、利潤與利息這幾個字從一個人的思慮徹底剷除[43]。

這個段落告訴我們，爲了收取高額利息而放款給他人，不僅喀爾文本人，連喀爾文主義也同樣極力反對。不只這樣，包括利潤與利息二字，也都不該留在人們的記憶裡。由此可見，韋伯認爲在宗教改革之後，當人們從綁帶中解脫之後，追求利潤極大化開始（漸漸地）被社會所容許，資本主義精神得到普遍尊重，資本主義於焉興起，這種說法，令人不敢苟同。

上帝的召喚與內在緊張性

這裡，我們來看上帝的召喚與伴隨而來，在信徒內心產生的緊張性。在現實生活中，不少人應該是想盡法子來充實財庫。喀爾文教派的信徒對金錢的看法獲得解放，韋伯如此認爲：「〔喀爾文主義〕對於『上帝的召喚〔calling〕』這個概念的發展，很快地提供給現代企業家一種令人驚艷之透亮的道德心〔fabulously clear conscience〕」[44]。當然，吾人可以理解，世界上應該鮮有宗教不勸人爲善的，喀爾文以及其傳道者亦無不同，然而，Luciano Pellicani認爲上帝的召喚（calling）的原義，並未如韋伯所聲稱，在信徒內心產生一種緊張性，一種儒家倫理所無法產生的緊張性。換句話說，韋伯以「理念型」來操作預選說，因而形成一種「與歷史事實無關」的建構物。此即，預選說——不斷追求利潤以榮耀上帝——是韋伯爲喀爾文教派的信徒所設計之「心理建構物」[45]。事實上，喀爾文教派的信徒根本不認爲賺錢是可以「榮耀上帝」的一碼事。

根據韋伯的說法，這種內在的緊張性，使信徒們不得不努力追求金錢來榮耀上帝，而且由於預選說的關係，信徒永遠無法確知自己是否爲上帝所救贖，於是，緊張性只能繼續存在，信徒只得拼命賺錢以求得救贖，別無他法。於是，韋伯告訴我們，有一（大）群信徒都如此行動，持續追求財富，再投資於（最）有利可圖的事業，於是資本主義便在這意外的巧合中產生。韋伯如此說，我們也選擇一直相信，但眞是如此嗎？十六世紀的宗教改革，使信徒必須用致富來榮耀上帝，上帝不都是勸人爲善的嗎？但太重金錢（「瑪門」），那麼還有力量能接近「善」嗎？這倒是讓筆者難以理解，相信讀者也同感困惑，而喀爾文教派的信徒可能有產生類似的感覺，特別是在資本主義下生活條件不是太優渥的新教徒們。那麼，如果我們懷疑喀爾文主義的信徒在預選說驅使下，產生（只能）用掙取金錢來榮耀上帝以證明自己（被選擇）的能力的話，那麼，我們應該再花少許的時間，重新檢視召喚（calling）的原義，到底上帝要其子民在日常生活中如何行事來榮耀祂？

以下這段話，應該不是韋伯想要看到的，因爲不利於他對資本主義起源的看法。但是，無論從宗教或是世俗的角度來看，無寧爲相對合理的說法。在其*Institutio Religionis Christianae*裡頭，喀爾文（Calvin）寫道：「上帝要求我們每一個人考慮自己在其生活之中，每個行爲所得到〔上帝〕的召喚，因爲祂知道得很清楚人類的智慧是如何地不可靠、人們是如何快速地從這一頭轉向另一頭，以及其企圖心與貪欲是如何地引導著他在短時間之內想到〔一次就〕得到許多事物……於是乎，上帝早爲我們每個人設定了他應該要做的事了，爲了不讓任何一個人做出超越自己所限之事〔斜體爲原文所有〕，祂早已經

〔爲每個人〕指定了生活中的所〔應〕有的態度，此即爲召喚〔calling〕」[46]。這暗示我們什麼？喀爾文在*Commentaires sur le Nouveau Testament*（《新約註釋》）當中清楚且明白地宣稱：「每一個人應該滿足於自己的召喚；必須追隨著它〔自己來自上帝的召喚〕；不應該有欲望，想以任何方式去追求〔除了召喚以外的〕其他〔事物〕」[47]。上述這些段落，讓我們知道韋伯所謂「資本主義的起源」來自於他自己所虛構的、想像的「內在緊張性」，這種緊張性完美地包裝在預選說的教義下。簡單說，如果上帝與信徒自己同樣熱愛金錢，而必須要求信徒用金錢來榮耀祂，那麼，這位信徒還有什麼理由需要上帝呢？資本主義除了一群很喜歡賺錢的人之外，除了心理動機以外，應該還有其他因素也很重要才是，絕非只有某些經濟倫理就足以培養。

在「重讀」《新教倫理》之後，相信讀者對自己原以爲瞭解西方興起的原因開始感到困惑。也許，筆者應該強化這樣的感覺才是，那麼，請繼續往下看。

掩埋場裡的歷史「事實」

許多學者爲了韋伯的學說，其理念型邏輯的一貫性，將不少珍貴的歷史「事實（事件）」丟進垃圾掩埋場，任其腐化敗壞。時間一久，要看出原來的面貌已非易事。所幸，當初它們並未被送入焚化爐燃燒，否則，大概再也沒有復原的一天。今日，我們得知重建歷史「事實」並不容易，不過，如果能再多堅持一些，也許可讓那些被掩埋許多時日的「事實」重見天日，讓那些部分毀壞的「史實」經過適當修復之後，還能夠接近當年事件發生時的實際模樣。

以下的分析再分爲幾個小節討論。首先，我們分別討論英格蘭與蘇格蘭，與新英格蘭，三者均與「資本主義」或其起源的問題有關；其次，我們還得再談荷蘭的中產階級，因爲荷蘭這個新教徒占最多數的國家，在奴隸貿易上的表現堪稱可圈可點，而這或許與該國家的發展不無關係；再次，十七世紀中葉，在東南亞發生一些事端，一六六一年——清中國盛世開始的康熙元年——海上霸權荷蘭在福爾摩莎（台灣）構築的熱蘭遮城（Zeelandia）遭攻陷，決定投降並撤離所占領的島嶼，其中不少喀爾文教派的信徒（當時是軍人）搭船離開時，回首再望這個被毀壞的城堡。

但在進入本節之前，我們略加回顧曾提的論點，它是：喀爾文教派的「預選說」，信徒焚膏繼晷的爲了「榮耀上帝」而努力賺錢，在非預期的情況下，資本主義於焉產生，此種說法過於簡略。事實上，人們爲了生活，或過更好的（物質）生活，都會努力賺錢，這本是人性。並且，雖然韋伯（及其支持者）堅信，因爲喀爾文教派的信徒節儉、禁欲，儲備了資本主義的第一桶金，但事實上，喀爾文教派的信徒雖然相信禁欲是上帝的教誨，然而，事實上，他們並未嚴詞譴責物質主義與消費奢侈品[48]。韋伯是一位社會學家，理應提出證據來說明，在新教徒居住之處，生活優於其他派系的教徒或是非教徒，例如十七世紀荷蘭的新教徒們。稍後，我們將討論爲何他們的生活優於其他歐洲地區的可能原因，在此應該有不太符合上帝教誨的奴隸貿易有關。

現在，我們從英格蘭、蘇格蘭，與新英格蘭談起，相信韋伯（及其信徒）應該會有興趣才是。

英格蘭、蘇格蘭、新英格蘭與「資本主義」

英格蘭被不少學者——包括韋伯本人——目爲「資本主義」最發達的地方，但該地區並非使用最受韋伯青睞的形式理性的法律；蘇格蘭是清教徒（新教之一支）聚集之處，然而，這地區不僅不富裕，而且，還相當貧窮，在十七世紀的時候；新英格蘭地區是英國清教徒受到迫害後移居此處，然而，該地區的信徒並不認爲追求短期（暫）利益會比永恆更爲重要。

被「資本主義」看上的英格蘭

在先前我們曾提到Sally Ewing的說法，她說：既然資本主義「第一次發生在英格蘭」，不過，這兒卻沒有「邏輯的形式理性之法律」，於是學者們認爲韋伯的法律社會學確有瑕疵，此即所謂的「英國問題」[49]。然而，筆者在第一章的討論中已經做了小結，那就是：韋伯留下的並非「英國問題」而是「中國問題」。

之前，Ewing認爲英國問題不存在時，對於資本主義起源於英國的看法並未深入探究。對韋伯而言，資本主義是否眞正起源於英國這個問題，其實，筆者心中仍有二個疑慮：第一，韋伯認爲在宗教改革之後，新教徒並不鄙夷財富累積，再加上喀爾文教派的預選說，使教徒內心產生「緊張性」，於是，人們藉由不斷累積財富，一方面消除內心的焦慮，同時也以此來榮耀上帝。根據韋伯的說法，就在這樣一個世俗化、理性化的過程中，資本主義於焉誕生，當然，之後伴隨著理性化過程的逐漸擴大與深化，資本主義有了自己的生命，與宗教改革的初衷漸行漸遠。然而，宗教改革發生在十六世紀，英國由亨利八世主導，脫離天主教，而成立英國國教，儀式與教義大致不變，然而，英國國教畢竟與喀爾文主義（教派）不同，那麼，資本主義是爲何而出現在英國的呢？英格蘭這個例子，又再次與韋伯的說法相左，也就是說，資本主義的發生，不僅與形式理性的法律無關，且與喀爾文主義也無關，這令韋伯（及其支持者）情何以堪啊！那麼，英國爲何會是第一個資本主義國家呢？這或許——相信也是許多學者，包括Ewing的臆測——應該與英國的工業革命有關吧？！也就是說，「工業革命」應該是多數人會想到的答案，我們似乎必須（先）假定如此。那麼，這裡又產生另一個問題。

第二個問題是，我們無法否認發生在英國的工業革命是歷史上一個轉折點，但似乎也沒有理由假定所有重要的改變都發生在彼時的英國，例如「資本主義」。清楚得很，韋伯心中並非以工業革命——而是以形式理性的法律——來作爲評量資本主義發生與否的依據。然而，我們暫時假定連韋伯也不反對Ewing視工業革命爲資本主義萌發之必要條件的說法，那麼，我們將會遇到另一個問題：在十八世紀晚期，被韋伯以及不少學者認爲「停滯的」清朝中國，不是正處於人口快速膨脹——百餘年的康雍乾盛世——時期嗎？但是，「英國問題」原指英國所使用的法律體系，當然，韋伯應該不會喜歡這個例子，因爲英國充其量只達實質理性法律的階段，但如果換成Ewing的猜測，也就是工業革命呢？若工業革命眞的成功了，那麼爲何十九世紀中葉，英國賣給中國是鴉片而不是更多先進的工業產品，所謂的「革命」都已經開始六十年，不是嗎？純粹以推理言之，我們可以想像，工業革命不會是韋伯所想到的原因，否則，他根本無須費心去寫《新教倫理》了。這裡，可能得花費一點時間來談一個可能性，那就是工業革命在資本主義發展過程中的重要性可能被高估。本文認爲，重商主義或許才是英格蘭「致勝」的關鍵，而非其他，包括了某種宗派教徒內心的不安。

本文曾經提過，但這裡還得再提印度次大陸，這個「帝國王冠上的寶石」。這塊殖民地對大英帝國非常重要，而且，在所謂的「西盛東衰」歷史大趨勢扮演著不被重視但可說異常重要的角色，當然，筆者的解讀自然不同。當時，大英帝國強大到足以占領整個印度，這件事想必對一八八〇年代爲弱冠之年的韋伯不無影響，因爲英國太強，所以，資本主義的起源會如韋伯所言，是誕生在新教徒的聚集區嗎？這讓人懷疑，韋伯怎麼可能不知道英國在南亞「獲得」這麼廣大的殖民地呢？這件事爲何對韋伯而言不太重要？想必與其內心所抱持的「價值」有關。不過，一八八〇年代距離宗教改革確實有段年日，英國也可能是後來才趕上喀爾文派教徒聚集的地區之經濟發展。但重點在於，以下看法與工業革命確實相關。當時，英國向中國購買大量茶葉，導致白銀外流，在重商主義的意識型態下，可認爲是國力的流失。於是，英國在印度種植鴉片，再賣到中國，這下子，換成中國的白銀外流到印度，這樣印度才有錢付給英國，因爲印度是英國工業製品的主要買家（之一）。所以，印度次大陸與英國霸權得以維繫兩者間可說關係密切。不僅如此，英國在中國竊取茶樹、茶種，與製茶技術，之後便在阿薩姆地區種植茶樹，生產茶葉。後來，輸入英國的茶葉當中，印度的茶葉免稅，中國茶則被課以百分之三十五的關稅[50]。這也同樣發生在一八八〇年代，難道韋伯眞的沒聽說嗎？這幾乎不可能。海德堡離倫敦並不遠，中國才是眞正遠啊！既然韋伯都能「研究」中國，他怎麼會不知道英國人賣鴉片給中國且賺得荷包滿滿？韋伯怎麼會不知道印度爲何成爲王冠上之寶石的底蘊呢？上述歷史「事件」告訴我們，英國人之所以能夠占據今日的地位，眞與某種韋伯在乎的經濟（非）倫理有關。

如此道出今日的英格蘭，並非因爲工業革命之後，一切都上軌道，然後，西方社會（特別是英國）持續領先直到如今，「資本主義」之所以看上英格蘭，也不是因爲英格蘭人信奉某個教派。

不被「資本主義」看上的蘇格蘭

先前，我們提到在宗教改革之後，十六、十七世紀時一幅田園景象的蘇格蘭，以我們當代人的角度來看，無論如何，這是讓人極其嚮往。不過，當時的人可不這樣想。我們回頭看韋伯的看法，在《新教倫理》一書，韋伯沒有指名特定地區的新教徒，當然，他也並非說哪個地區的新教徒才算數，否則，還得分析其他有異於「新教倫理」（之經濟倫理）的原因，若果如此，韋伯會使他自己提出的問題變得更複雜，而難以自圓其說。所以，在這種情況下，我們討論十六、十七世紀以農村經濟爲主的蘇格蘭，可以說是喀爾文主義式社會一個「出類拔萃」（*par excellence*）的例子。換句話說，這裡有一群謹遵教義的信徒，其生活的樣態，應該如韋伯所描繪的那樣才是。那麼，按韋伯所言，這裡所住著喀爾文教派的信徒，因爲其教義、經濟倫理，這兒也應該累積一些資本才是，否則，這裡韋伯又將難以自圓其說。事實上，「〔蘇格蘭的經濟〕不能說是處於一個資本累積的階段，其經濟活動主要是鄉村的（rural），科技則是極度原始的，尤有甚者，在整個十七世紀之中，蘇格蘭無法被十五世紀以來將英格蘭鄉村地區轉型之經濟發酵（economic ferment）所觸及」[51]。看起來，喀爾文教派的信徒聚集之處，不見得都是容易累積資本的地方吧？！或許，其他的因素——例如交易「商品」的種類、總體國力的強弱，與良好的「制度」等——都是值得考量的重點，並不是非得將某種獨特的經濟倫理置於研究重心才行。簡單說，愈虔誠的新教徒聚集之處，未必是資本累積最快速的地方，相反，如果累積得比他處爲慢，那麼，再進一步談論資本主義（的萌芽）又有什麼意義呢？謝某覺得應該沒有。

另外，某些被韋伯忽略的歷史「事件」，雖然並沒有在研究者操作理念型時所看重，但這也讓我們確定了一件事：韋伯在其理念型——這裡以「預選說」爲例——的操作上，的確在經驗事實上找不到對應之物，反而更像是在烏托邦裡的事物，無法在現實世界中找到。如先前的分析所示，韋伯的「預選說」根本不存在，因爲「預選說」告訴我們，新教徒持續處在一種內心緊張的狀態底下，唯有藉由努力賺錢、累積資本與持續投資於有利可圖的事業，來榮耀上帝，更重要的是在其他的信徒面前得到稱讚，因爲自己乃是蒙上帝預選的子女。但這個說法，其實是個理念型，因爲在十六、十七世紀時的蘇格蘭（Scotland）是個典型的喀爾文主義的社會，然而，韋伯似乎沒注意到，這裡並不是像他所預測地那般，商人累積許多資本，而且，在經過一段時間的理性化之後，萌發了資本主義，社會的其他面向也陸續跟著進入這個（理性化）的過程，於是，從一個新教徒的社會產生出資本主義，這不是韋伯在一個世紀之前就想要告訴我們的嗎？正是如此，但十六、十七世紀的蘇格蘭——這個典型的喀爾文教義影響下之社會——的眞實面貌爲何？韋伯的預測是不是在離他不遠的蘇格蘭發生了呢？恐怕不只沒有，而且是非常不準。

事實上，那時的蘇格蘭非僅不是個經濟快速擴張的地區，其「前衛的」（avant-garde）企業主階級也非由「禁欲的資本積累者」（ascetic accumulators of capital）所組成[52]。正好相反，Shmuel N. Burnell認爲，「即使是大力稱讚這個王國的外國遊客們，都持續地注意到了在〔所謂的〕經濟福利措施與這個小小的北方王國維持生計的活動之間的巨大落差。是誇大也好，偏見也罷，但幾乎所有的蘇格蘭作品毫無例外地同意並接受以下的事實，〔那就是……〕與西歐大多數的王國相較之下，這裡〔蘇格蘭〕是個更貧窮的國度」[53]。相信韋伯如果看到這樣的歷史「事件」，他應該會苦惱於到底要如何解釋才好，這的確困難。除了韋伯說，在宗教改革之後，資本主義還得等些年日方告出現，但這也不易，因爲十七世紀末期，已經是宗教改革開始後很長的一段時間，但蘇格蘭仍舊不那麼富裕。況且，我們還沒有認眞看待世界上的其他角落，在同時期——也就是十六、十七世紀時——是否還有幾個地方生活過得不差，也累積些許資本，即使沒有類似「新教倫理」的鞭策，人們依然熱衷於極大化利潤這件事。日後，也許我們會能找到有價值的發現，但關於蘇格蘭這個喀爾文主義式的社會，非但不是如韋伯所預測，是個教徒努力累積資本的經濟起飛之地，反倒是個相對貧窮的地方。

接著，或許我們應該在有限的篇幅裡，略提北美新英格蘭地區，這裡是清教徒聚集之地，照理應該相對富裕才對，因爲當年的船票也不是每個家戶都負擔得起，只有相對有點錢的人才能踏上這塊新土。

清教徒聚集的新英格蘭（New England）

談過英格蘭、蘇格蘭後，現在我們來看清教徒聚集的北美新英格蘭地區。清教徒（Puritan，源於拉丁文的*Purus*，意爲清潔）爲喀爾文新教的分支，他們要要求英國國教會捨棄羅馬公教會儀式與神職人員的任命。此外，他們相信《聖經》是唯一的最高權威，任何人或者教會都無法成爲傳統權威的詮釋者與維護者。後來，清教徒在瑪麗一世的迫害下，部分會眾流亡至歐洲大陸的英國新教團體，之後其中部分人輾轉到達北美。那麼，定居在新英格蘭地區的清教徒，是否眞像韋伯所言，過著禁欲的生活，同時卻相當努力地追求財富，以此證明自己是上帝的子女呢？恐怕不是。

根據本仁・約翰（John Bunyan）於一六七八年寫作的《天路歷程》（*Pilgrim's Progress*）——「韋伯所認爲的清教徒文獻中最具代表性的著作」——的內容所呈現，其主旨是：典型的基督教徒表達出對於「爲了短暫事物而離開永恆（的追求）」之輕蔑。這麼說來，如果過去美國的新英格蘭地區是清教徒移民北美的落腳之處，如今依舊富裕，但其原因恐怕不是韋伯所想像出的「預選說」、「上帝的召喚」，與「禁欲」所促成。若是如此，這裡的人之所以（比別人更）努力追求財富，可能是因爲這裡的資源秉賦本來就相對充足，也可能是因爲這裡的原住民比較容易應付，也有可能是移民的清教徒們大多來自相對富裕的家庭，也可能是上述的原因的綜合。但無論如何，韋伯運用某種經濟倫理——即新教倫理——讓某些人能夠在「理性化」的過程中更迅速累積資本——進而形成資本主義，並且使西方能夠崛起（相對地東方衰退了），筆者覺得，這種論點過度簡化。說不定還得歸功於理念型「執簡馭繁」的特殊才能吧！那麼，爲什麼世界上有那麼多的人寧願相信，並且緊隨大師的腳步呢？請容許筆者妄自揣測，原因之一是：在快速全球化的過程中，大家已然疲倦而需要（極度）簡單的說法。當然，這還得進一步證實才行。

筆者認爲，新英格蘭的確與蘇格蘭不同，與英格蘭也有差異，但三者都與資本主義（的起源）有若干關係。如果以上討論留下什麼問題的話，還盼望韋伯的支持者可以解惑。但在等待的時間裡，我們得來談荷蘭的中產階級如何保有其身分與地位，雖然每個人所從事的行業未必相同。

再談荷蘭的中產階級

先前，我們提到荷蘭這個喀爾文教派國家，無暇顧及道德之要求，從事利潤豐富的奴隸貿易，而這讓整個加勒比海地區變成荷蘭商業擴張的主要地區[55]。如此看來，韋伯所見新教徒聚集的區域相對富裕，是否與奴隸貿易有關，所以，荷蘭的中產階級因爲害怕自己在競爭中失去優勢，而無法繼續消費奢侈品來維持其高尚品味[56]，內心產生「中產階級的焦慮」很可能被韋伯以「瞭悟」研究法充作新教徒的內心「緊張性」，這一點筆者很難證明，一如要指出荷蘭的新教徒都參加奴隸貿易那樣不易；然而，同樣地我們也不能完全排除這種可能性。然而，新教徒——其他教派的信徒應該無甚差異——爲了賺取更高利潤而（短暫地）忘記應該符合上帝所堅信的道德，這不只限於十七世紀的荷蘭國家而已，十七世紀的普魯士布蘭登堡（Prussia-Brandenburg）——新教徒具政治影響力之王國[57]，目前爲德國東北部一個聯邦州——亦牽涉其中，只是其營業規模無法與荷蘭相提並論而已。

事實上，研究十七世紀奴隸制度的人，過去一段時間裡，總是將重心放在主要的歐洲奴隸貿易公司，也就是不列顛皇家非洲公司（British Royal Africa Company, RAC）與荷蘭西印度公司（the Dutch West India Company, the Vereenigde Oostindische Compagnie, WIC）。然而，隨著近年新史料出現，讓我們得知一些小型的北歐奴隸貿易公司，像是瑞典非洲公司（the Swedish Africa Company, SAC），丹麥非洲公司（the Danish Africa Company, DAC）與普魯士布蘭登堡非洲公司（the Prussian Brandenburg Africa Company, BAC）。新的史料提供幾個小型販賣奴隸公司是如何與前述兩家——也就是RAC與DAC——在非洲黃金海岸（Gold Coast）與其他地區互相競爭，新史料也呈現出歐洲人與非洲人互動的過程，以及非洲如何因應變幻莫測的奴隸貿易，這些資料對於瞭解歐洲公司的策略以及大西洋世界經濟卓有貢獻。然而，這些北歐國家——瑞典、丹麥，與普魯士布蘭登堡——由於並未擁有美洲殖民地，是故，其奴隸買賣「被限定在走私至伊比利的殖民地（the Iberian colonies）」，事實上，在一七〇〇年以前，「黃金與象牙都超過奴隸貿易而成爲具支配地位的出口商品」，之後，奴隸貿易才成爲「最有價値」的買賣[58]。

上述幾個歐洲公司在非洲所從事的奴隸貿易對於世界史的重要性不言可喻，但本文最關切的是普魯士布蘭登堡非洲公司，也就是BAC，因爲其經營者當中可能有新教徒，既然韋伯相信這一群人相對有錢，那麼，他們怎麼會願意放棄奴隸貿易這樣利潤奇豐的買賣?當時，BAC主要在三個基地經營奴隸貿易，其中的Dorothea堡（fort）與Gross Freidrichsburg堡位於幾內亞灣的黃金海岸，另一個是Arguin堡位於穆斯林占多數、距現今西非的茅利塔尼亞（Mauritania）海岸的不遠的一個島上[59]。簡言之，不僅荷蘭的新教徒，連受到新教徒影響頗深的普魯士布蘭登堡政治圈[60]也加入這不怎麼道德的奴隸貿易。接著，我們來看荷蘭西印度公司，其擅長者爲：將黑人從非洲運送到美洲加勒比海地區。

葡萄牙作爲西非黃金海岸主要的貿易者超過一個世紀，十七世紀初，荷蘭西印度公司開始挑戰葡萄牙的壟斷地位[61]。到十七世紀晚期時，荷蘭——與英格蘭（皇家非洲公司）——在黃金海岸貿易占據絕對優勢，法國與葡萄牙則已經被逐出這塊區域，另外，在「十七世紀時，當地的Akwanu與Asante之崛起，與伴隨而來的戰事，則提供了奴隸出口〔重要〕的來源」。黃金海岸對於英格蘭與荷蘭（西印度公司，WIC）在黃金與奴隸貿易是如此重要，所以，這兩家公司都將非洲的營運總部設在此處，例如，「後者的總部就設在Elmina，此地是一六三〇年代末從葡萄牙人手中奪取的」。在十八世紀時，六十四萬五千名奴隸被送離海岸，進入大西洋貿易之旅[62]。當然，這也是「被移民」的一部分，只是多數似乎不願意離鄉背井。

筆者猜想，韋伯應該聽過，在他的時代之前不久，離普魯士不遠處，有一群人虔信喀爾文教派，其中有一部分相對富有者，他們發現買賣非洲奴隸是最有利可圖。當中的少數人因為懂得投資，賺取更多利潤，有幸成為資本家，這些人因為賺得多——但也可能誤會上帝的旨意——遂深信自己會是被選召者。因為「理性化」的過程幾乎讓所有環節都更有效率，所以，資本主義便應運而生。日後，上述這些人便成為資本主義的重要推手。從韋伯的說詞中，我們應該能確定韋伯相信這些人是當時歐洲最有錢的人，否則，是否談論資本主義就無甚意義了。

一六六一年強權荷蘭的小小挫折

行文將至尾聲，有兩個原因，讓筆者決定儘可能地用最簡短的方式來撰寫這小節。首先，為體諒讀者閱讀的辛勞；其次，若要詳述明清中國在歷史（社會）學家眼中到底是何種模樣？恐怕得寫上一大本書才能詳盡，但大致上，這時期的中國被西方（學者）誤認為是處於一種停滯不前的狀態[63]。

在此，為了讓韋伯及其支持者大略知道，事實上大師韋伯雖是東西方歷史比較研究之碩彥，但讓人費解的是，韋伯對「傳統」中國知之甚少，而且絕不只是在中國獨特的法律體系這個領域而已，但不少學者仍選擇以韋伯的觀點來看待東方世界，特別是（明、清）中國。這點必須予以修正。

以下，筆者舉一例來說明韋伯所認識的東方「傳統」中國其實並不衰弱，這個他心目中的落後王朝，卻能擊敗海上強權荷蘭。韋伯作夢都沒想到，但或許海德堡大學的圖書館可以找到荷蘭當年在福爾摩莎（台灣）被擊敗的資料呢？！事實上，韋伯並未明說十七世紀的荷蘭——喀爾文教派爲主的國家——資本主義的發源地。不過，此時的荷蘭，其西印度公司（WIC）正苦心地將非洲的年輕男丁送到大西洋的彼岸，其東印度公司（VOC）的足跡遍及世界各地，連台灣（福爾摩莎）台南，當地的古蹟安平古堡（熱蘭遮城），其倉庫的正面至今還留有VOC的圖騰。當然，韋伯會相信荷蘭是十七世紀的世界強權，可能的原因是許多荷蘭人是信奉喀爾文教派的虔敬者。可是，爲什麼這個號稱（海上）強權的國家，竟然會在一六六一年與明末清初的鄭成功交戰之後，決定投降、打包捲舖蓋、離開府城台南，另謀高就[64]。

也許只是巧合，這一年是一六六一年，從西方來的海上強權，在東方遭受一點挫折。一六六一年，也是大清王朝康熙皇帝登基的那一年（康熙元年），此時，剛剛開始了大清帝國的輝煌盛世，歷經三朝，也就是康熙、雍正，與乾隆（一六六一～一七九六）三位皇帝的治理。約莫兩個世紀以後，韋伯正值而立之年，一位前途似錦的青年學者，後來，他信心滿滿地告訴大家，資本主義起源於歐洲，是西方興起的原因。

本章小結

本書很快地要進入最後一章，也就是結論。因此，這裡僅用少許字句作爲本章（努力探討）的結語。

本章我們「重讀」一本社會（科）學的經典之作《新教倫理》，同時也看到學者千方百計地想要使大師最重要的概念工具之「理念型」得以延年益壽，至今已超過一個世紀，爲的是讓大師的領導地位更加穩固。過去，我們似曾被告知過，「理念型」應該要不斷與歷史「事實」進行對話，如此才能讓「理念型」臻於完美。但筆者懷疑這種說法，本書在先前章節中提出兩者間的內在衝突，似乎還眞難以解決。另外，我們也看到韋伯（及其支持者，例如林錚教授）對於那些不支持其理念型的歷史「事實」視而不見，並且將之掩埋，讓後人幾乎沒有機會再看到其原來模樣。

不過，在這個研究當中，我們的確看到「友情」的可貴，爲了維持韋伯大師的崇高地位，我們看到了學者就算是犧牲其名望亦在所不惜，想方設法地延續「新教倫理」與「資本主義精神」這兩個理念型的生命現象，因爲「理念型」是韋伯最重要的「發明」，無論如何也不能讓此項「發明」走進死胡同裡。於是，我們看到林錚教授明明知道許多歷史「事實」（完全）無法符合其「理念型」之詮釋框架，仍然不認爲這些「事實」傷及「理念型」，當然，也就無須再進行任何討論，這不就是我們在先前的分析中所看到的嗎？的確如此。

一六六一年，東方中國有一位皇帝登基，離他的國度不遠之東南一隅發生不小的戰事，西方強權荷蘭在那兒遇到勁敵，其稱霸（東亞）的美夢被徹底粉碎。不過，離開福爾摩莎的歐洲新教徒們繼續向前行，他們不斷累積資本，非但不是爲了享福，反倒只想虔誠地榮耀上帝而已。他們會比別人有錢，也不是沒有道理的。

不多談了，我們緊接著進入本書最後一個章節，也就是探討〈社會（科）學的除魅化〉，試著做個總結。

◆註解◆

[1] Max Weber，《基督新教倫理與資本主義精神》（*Die protestantischeEthik und der Geist des Kapitalismus*），（台北：遠流出版社，一九二〇—二〇一三））。

[2] 事實上，向來，當然也是在大師韋伯的影響下，當我們聽到「新教倫理」一詞，腦海裡浮現的畫面總是與「資本主義精神」有關—人們勤奮工作，努力積累資本，不過度消費，只為了再投資，讓財富得以增加，別無他想。然而，事實上，相對負面的歷史「事件」的確存在，只是韋伯以及其支持者不感興趣而已。在此，僅舉兩例，首先，新教徒並非是個單一極具凝聚力的團體，事實上，在不同團體中，仍然存在著（號稱）「信仰」的衝突，像是十七世紀晚期布蘭登堡與瑞典二者間的齟齬；其次，南非的種族隔離制度，其起源可能與荷蘭占據者是喀爾文教派的信徒有關。前者，請參照，Daniel Riches, "The Rise of Confessional Tension in Brandenburg's Relations with Sweden in the Late-seventeenth Century," *Central European History*, Vol. 37, Issue 4, (December, 2004), pp. 568-592. 後者，請參照，Gerrit J. Schutte, "The Netherlands, Cradle of Apartheid?" *Ethnic and Racial Studies*, Vol. 10, Issue 4, (December, 1987), pp. 392-414.

[3] 林錚，〈從新教倫理到資本主義精神：從量變—質變因素來重新視Max Weber的《基督新教倫理與資本主義精神》〉，《社會分析》，第十期，（二〇一五二月），頁一～四六。不過，在此必須聲明，那就是：筆者挑選林錚教授的文章作為主要的批評對象，並非在比較近幾年相關文章之後所做出的決定，而無寧是筆者在自身的「價值關聯」底下已經形成「詮釋框架」而非得「選擇」林氏的文章。換句話說，本文無意（過度）強調林錚文章在韋伯研究中的重要性。

[4] 請參照，施路赫特（Wolfgang Schluchter），林端譯，《現代理性主義的興起：韋伯西方發展史之分析》，（台北，台大出版中心，二〇一三）。

[5] 林錚，〈從新教倫理到資本主義精神〉，頁二一、二七。

[6] 歷史「事實」由過去的「事件」組成，都是由研究者經過判斷之後的結果。在本書中，筆者交互使用歷史「事實」與歷史「事件」，二者並無差異。

[7] 這些（歷史）社會學家至少包括Theda Skocpol, Fred Block, Gary G. Hamilton, Daniel Chirot, Dietrich Rueschemeyer, Ellen Kay Trimberger, Lynn Hung, Dennis Smith等，其相關文章，請參照，Theda Skocpol (ed.) *Vision and Method in Historical Sociology*, (London and New York: Cambridge University Press, 1984).

[8] 金耀基，〈儒教倫理與經濟發展：韋伯學說重探〉，《聯合月刊》，第二五期，（一九八三），頁七〇～七九，引自，林錚，〈從新教倫理到資本主義精神〉，第三六頁。

[9] 林錚，〈從新教倫理到資本主義精神〉，第十頁，註六。

[10] 本小節的標題「靜默的《新教倫理》在眾聲喧嘩中」改寫自林錚文中一節之標題「眾聲喧嘩中的《新教倫理》」。筆者認為，林氏使用「眾聲喧嘩」一詞有其適切性，代表百年來難以計數的學者對韋伯最重要的一本書（即《新教倫理》）投入無數時間與精力進行辯論，並且至今尚無定論。本文使用「靜默的」這個形容詞，其實在暗諷韋伯，似乎人們的逐利行為非得有什麼心理動機不可，否則難以達到目標，因為即使沒有特定的經濟倫理——特別是新教倫理——驅使，人們仍舊想要更多（利潤），畢竟金銀財寶，多多益善，也有備無患。

[11] 事實上，新教倫理不僅對經濟活動產生某種作用，就如韋伯所言，它同時也會影響政治層面。作者Bodo Nischan指出，學者普遍認為喀爾文主義在政治領域是重要的，只是原因分歧而已。另外，在探討John Bergius——服務於霍亨佐倫（Hohenzollerns）法院近半個世紀的傳教士，也是選民最重要的精神導師——在普魯士布蘭登堡（Prussia-Brandenburg）所產生的影響力時，花費不少篇幅來討論Bergius的生平背景，以及可能影響其政治思想的事件，提供讀者部分線索來追尋Bergius的價值關聯，無可避免地，其政治思想與身處的環境有關，Bergius後來移居到海德堡（Heidelberg）這個德國喀爾文主義的學習中心（the center of German Calvinist learning center），請參照，Bodo Nischan, “Calvinism , the Thirty Year’s War, and the Beginning of Absolutism in Brandenburg: The Political Thought of John Bergius,” *Central European History*, Vol. 15, Issue 3, (September 1982), pp. 203-223, pp. 204, 208.
筆者覺得，我們所該注意的是，海德堡這個德國喀爾文主義的學習中心，正是韋伯生活了很長一段時間的地方，他在那裡求學、教學與生活。因此，我們不免懷疑韋伯對於這個城市與喀爾文主義有其特殊偏好，海德堡這地至少在某種程度上，影響到韋伯塑造其價值關聯的理念型。

[12] Trevor Roper, De La Reforme au Lumieres (Paris: Gallimard, 1972)，引自林錚，〈從新教倫理到資本主義精神〉，第十三頁。
[13] Werner Sombart, Le bourgeois (Paris: Payot, 1966)，引自林錚，〈從新教倫理到資本主義精神〉，第十一頁。
[14] Marshall Knappen, Tudor Puritanism. *A Chapter in the History of Idealism* (Chicago: University of Chicago Press, 1939)，引自林錚，〈從新教倫理到資本主義精神〉，第十一頁。
[15] Luciano Pellicani, "Weber and the Myth of Calvinism," *Telos*, Vol. 75, Issue 1, (1988), pp. 57-85, p.57.
[16] Raymond Aron, *Les etapes de la penséesociologique* (Paris: Gallimard, 1994)，引自林錚，〈從新教倫理到資本主義精神〉，第九頁。不過，筆者認為，韋伯的理念型未必能達到Aron所預期的樂觀結果。關於理念型與歷史研究之間的衝突，請詳見本書第三章。
[17] 謝宏仁，《社會學囧很大[1.0]》
[18] 林錚，〈從新教倫理到資本主義精神〉，第十三頁。
[19] Max Weber，《韋伯方法論文集》（*Gesammelte Aufsazezur Wissenschaft-slehre*），張旺山譯，（台北：聯經出版社，一九二三／二〇一三），引自林錚，〈從新教倫理到資本主義精神〉，第十三頁。
[20] 顧忠華，〈資本主義「精神」在中國：韋伯學說的當代意義〉，頁二三一、一三三。
[21] 林錚，〈從新教倫理到資本主義精神〉，第十四頁。
[22] 但難道研究者不能將《新教倫理》一書「拆解再拆解」，這樣做真的一無是處嗎？還是因為這會傷害韋伯大師的崇高地位嗎？或者兩者都是呢？
[23] 值得一提的是，林錚引用Edgar Morin的複合性觀念，請參見Edgar Morin, *Sociologies* (Paris: Fayard, 1994)，引自林錚，〈從新教倫理到資本主義精神〉，頁十六、四五。
[24] 前揭書，第十四頁。
[25] 前揭書，第十六頁。
[26] 華勒斯坦（Immanuel Wallerstein）是世界經濟體系理論（The Modern World-System Theory）的創始人，華文學術界對其理論相當熟悉，故在此之後三線本文直接使用其中文姓氏。
[27] Ilya Prigogine and Isabelle Stengers, *Order out of Chaos: Man's New Dialogue with Nature*, with a foreword by

Alvin Toppler (New York: Bantam Books, 1984).

【28】不過，筆者對所謂的「不規律性」（或「不確定性」）持質疑的態度。如果我們還記得，在十九世紀時，為自然科學服務的哲學──即實證主義──對社會科學的負面影響，那麼，在二十世紀末，從熱力學的觀點出發，欲找出其哲學含意之企圖，似乎同樣難保不重蹈覆轍。在歷史比較研究當中，事實上，從不缺乏歷史的「偶然性」（或「不規律性」）夾雜在複雜的因果性之中。在此，有個例子可以說明，當年，洪秀全從廣西省出發，到了隔壁的廣東省，這是為了能夠更接近自己所喜歡的基督教義，於是，他到一位外籍傳教士那兒，想找一份差事，不過，當時已經在職的一位華人助理向該名傳教士提說不利於洪秀全的看法，後來，該外籍傳教士決定不予雇用。所以，洪氏只得返回廣西。當時，倘若洪氏得到一份傳播基督教的工作的話，他就應該會留在廣東省，那麼，天王可能就不會「下凡」來了。請參照，史景遷（Jonathan D. Spence），朱歷葆等譯，《太平天國》，（台北：時報出版社，二〇一六）。

【29】關於非線性與線性系統，林錚僅只在註解（No. 11）大略解釋兩者間的差異，筆者認為，對於理解「新教倫理」與「資本主義精神」間的關係無甚助益。他說：「本研究將線性／非線性系統的差異，表述為一種對立，這涉及到系統內作用體（由個體們組成）在層次上的功能差異：當一個較低層次作用體（A1）乃是較高層次作用體（A2）的基本單位的時候，這是一種非線性系統；相反地，若A1的基礎是由A2所構成，這就是屬於一種線性系統……」。請參照，林錚，〈從新教倫理到資本主義精神〉，頁十四、十五。

【30】前揭書，頁十四、十五。

【31】Alvin Toffler, "Foreword: Science and Change," in Prigogine and Stengers, *Order out of Chaos*, pp. 14, 15.

【32】林錚，〈從新教倫理到資本主義精神〉，第十七頁。

【33】根據林錚所言，「臨界點」是個來自然科學──具體而言是熱力學（thermodynamics）──用語，意思是「作用體在出現跳躍式變化之前所必須跨越的界限」。除此之外，「量變─質變」研究在物理學上被稱作「凝態物理學」與「統計力學」，林氏告訴我們，在「生命科學、社會、經濟、政治」等領域亦可觀察到類似現象，引自前揭書，第十八頁，註十六。在此，筆者必須指出一個觀點，那就是，他在文中，與恩格斯（Friedrich Engels）辯論「量變─質變」的內容均堪稱精采，請參照前揭書，頁十八～二十。

【34】林錚，〈從新教倫理到資本主義精神〉，第二七頁。

[35] 馬克斯・韋伯，《新教倫理與資本主義精神（未名社科大學經典）》，（北京：北京大學出版社，二〇一二）。

[36] Max Weber, *The Protestant Ethic and the Spirit of Capitalism*, translated by Talcott Parsons, and introduced by Randall Collins, (Los Angeles, CA.: Roxbury Publishing Company, 1995).

[37] 事實上，韋伯的經典著作*The Protestant Ethic and the Spirit of Capitalism*一共有兩個版本，第一個版本是一九〇四／一九〇五版，第二版則是一九一九年版本。韋伯曾說此二版本並無太大差異，不過根據Hartmut Lehmann的說法，第二版，也就是一九一九年較新的版本中，他看出韋伯已將其*The Protestant Ethic and the Spirit of Capitalism*這本書視為宗教社會學領域的範本，可見「經濟倫理」這個概念在韋伯的思想體系中占據何等重要的地位。換言之，對韋伯而言，研究世界宗教之主要目的還是在於如何連結到他最想回答的問題：西方為何興起？東方為何衰退？簡單說，韋伯的答案與許多人（或許還得加上韋伯的粉絲）並無二致，乃是西方特有的「資本主義」（當然，後來應該是「傳給」了非西方國家或地區）使然。於是，韋伯總得告訴我們資本主義到底如何產生？為何產生？於是，我們有了「新教倫理」，也有了「資本主義精神」，並且百年來我們持續拿著放大鏡來檢視這兩者間的「複雜關係」，並且，希望能夠加以簡化，讓更多人能夠瞭解韋伯學說的博大精深。關於*The Protestant Ethic and the Spirit of Capitalism*之一九〇四／一九〇五版與一九一九年版本之比較、關於第一版為何文後註解的總長度更甚於本文，與關於Beruf/Berufung（profession/calling）之討論，請參照，Lehmann, “Weber’s Use of Scholarly Praise and Scholarly Criticism in The Protestant Ethic and the ‘Spirit’ of Capitalism,” *Max Weber Studies*, Vol. 5, No. 2, (July, 2005), pp. 229-241.

[38] Henri Pirenne, *La cittadelMedioevo* (Bari: Laterza, 1977), pp. 80-81, cited in Pellicani, “Weber and the Myth of Calvinism,” pp. 57, 58.

[39] Lewis Mumford, *La cittanellastoria* (Milano: Bompiani, 1977), pp. 330, 331, cited in Pellicani, “Weber and the Myth of Calvinism,” p. 58.

[40] Armando Sapori, *Studi di storiaeconomia* (Firenze: 1967), pp. 338, 339, cited in Pellicani, “Weber and the Myth of Calvinism,” p. 58.

[41] 請參照，謝宏仁，第一章〈儒家倫理與資本主義精神〉，《社會學囧很大[1.0]》，頁一七～五八。

[42] 馬克斯・韋伯（Max Weber），《新教倫理與資本主義精神》，（北京：北京大學出版社，二〇一二）。

[43] Andre Bieler, *La pensée économique et sociale de Calvin*, op. cit. pp. 466, 469, cited in Pellicani, "Weber and the Myth of Calvinism," p. 62.

[44] Max Weber, *General Economic History*, (New Brunswick: Transaction Books, 1981), p. 367, cited in Pellicani, "Weber and the Myth of Calvinism," pp.57, 58.但事實上，Pellicani認為「上帝的召喚（calling）的原義，並非如韋伯所言，在信徒的心裡面產生了一種緊張性，一種儒家倫理無法產生的緊張性，這種內在的緊張性讓信徒們不得不努力追求金錢來榮耀上帝，而且，因為預選說的關係，信徒永遠無法證明自己是否為上帝所擇，於是，緊張性只能繼續存在，信徒只能繼續賺錢，別無他法。於是，韋伯告訴我們，有一（大）群信徒都如此地行動著，持續地追求金錢，再投資於（最）有利可圖的事業，於是資本主義毫無預警地誕生了。」

[45] Pellicani, "Weber and the Myth of Calvinism," p. 66.

[46] Giovanni Calvino, *Istituzioni Della Religione Cristiana* (Turin: UTET, 1983), pp. 870, 871, cited in Pellicani, "Weber and the Myth of Calvinism," p.61.

[47] Quoted in Andre Bieler, *La pensée économique et sociale de Calvin* (Geneva: Georg, 1961), p. 264, cited in Pellicani, "Weber and the Myth of Calvinism," p.61.

[48] Jan De Vries, "Luxury and Calvinism/Luxury andCapitalism:Supply and Demand for Luxury Goods in the Seventeenth-Century Dutch Republic," *Journal of the Walters Art Gallery*, Vol. 57, pp. 73-85.

[49] Sally Ewing, "Formal Justice and The Spirit of Capitalism: Max Weber's Sociology of Law," *Law and Society Review*, Vol. 21, No. 3, (1987), pp. 487-512, p. 487.

[50] 謝宏仁，《顛覆你的歷史觀》，第二〇三頁。

[51] S.N. Burnell, "Calvinism, Capitalism and Middle Classes," in S.N. Eisenstadt, ed. *The Protestant Ethic and Modernization*, (New York: Basic Books, 1968), p. 143, cited in Pellicani, "Weber and the Myth of Calvinism," pp. 69, 70.

[52] Pellicani, "Weber and the Myth of Calvinism," p. 70.

[53] Shmuel N.Burnell, "Calvinism, Capitalism and Middle Classes," in Shmuel N. Eisenstadt, ed. *The Protestant*

Ethic and Modernization, (New York: Basic Books, 1968), 142, cited in Pellicani, "Weber and the Myth of Calvinism," p. 70.

[54] John Bunyan, *Pilgrim's Progress* (London: Religious Tract Society, 1799), cited in Pellicani, "Weber and the Myth of Calvinism," p. 67.

[55] Kenneth Pomeranz, Steve Topik，〈熱帶荷蘭人〉，第一四三頁。值得一提的是，據Pellicani指出，荷蘭這個喀爾文教派的國家，其人口只有三分之一是喀爾文教派的信徒，不過，該教派確實是在該國各教派中占最大多數者。請參照，Pellicani, "Weber and the Myth of Calvinism."

[56] De Vries, "Luxury and Calvinism/Luxury and Capitalism."

[57] Nischan, "Calvinism , the Thirty Year's War, and the Beginning of Absolutism in Brandenburg."

[58] Klein, *The Atlantic Slave Trade*, p. 77.

[59] Angela Sutton, "The Seventeenth-Century Slave Trade in the Documents of the English, Dutch, Swedish, Danish and Prussian Royal Slave Trading Companies," *Slavery and Abolition*, Vol. 36, No. 3, (2015), pp. 445-459, pp. 445, 451.

[60] Nischan, "Calvinism , the Thirty Year's War, and the Beginning of Absolutism in Brandenburg."

[61] 請參照，Jonathan I. Israel, *Dutch Primacy in World Trade, 1585-1740*, (Oxford: Clarendon Press, 1989)。在此或許值得一提的是，雖然荷蘭西印度公司（WIC）在整個荷蘭大西洋擴張的歷史上占據重要位置，然而，其重要性經常被荷蘭東印度公司（the Dutch East India Company, VOC）的「光芒」所掩蓋。可以這麼說，如果沒有荷蘭人（再加上英國人）將勞動力──與土地、資本合稱為傳統經濟之生產要素──從非洲送到美洲，特別是加勒比海地區，那麼，整個大西洋經濟將難以順利運作。
關於荷蘭西印度公司與荷蘭東印度公司二者之比較，請參照，Claudia Schnurmann, "'Wherever Profit Leads us, to Every Sea and Shore……' the VOC, the WIC, and Dutch Methods of Globalization in the Seventeenth Century," *Renaissance Studies*, Vol. 17, No. 3, (2003), pp. 474-494。也許，還可以再加點題外話，參觀過台南安平古堡的遊客應該看過古堡旁的倉庫正面有個VOC的圖騰，這是荷蘭東印度公司來到台灣「經商」的歷史記錄。不過，應該甚少有人聽過WIC吧?!

[62] 前揭書，頁六三、六四。

[63] 反對此種帶有「歐洲中心主義」的觀點者，其實不在少數，在此僅列舉五篇英文文獻與一篇中文文獻。按出版日期之先後，依序如下：Paul A. Cohen, *Discovering History in China: American Historical Writing on the Recent Chinese Past*, (New York: Columbia University Press, 1984); Andre Gunder Frank, *ReOrient: Global Economy in the Asian Age*, (Berkeley: University of California Press, 1998); Kenneth Pomeranz, *The Great Divergence: China, Europe, and the Making of the Modern World Economy*, (Princeton: Princeton University Press, 2000); Takeshi Hamashita, edited by Linda Grove and Mark Selden, *China, East Asia and the Global Economy: Regional and Historical Perspectives*, (London and New York: Routledge, 2008); Arturo Giraldez, *The Age of Trade: the Manila Galleons and the Dawn of the Global Economy*, (New York: Rowman & Littlefield, 2015)：至於中文文獻，請參考，謝宏仁，《顛覆你的歷史觀：連歷史老師也不知道的史實》，（台北：五南圖書，二〇一七）。

[64] Tonio Andrade（歐陽泰），陳信宏譯，《一六六一，決戰熱蘭遮：中國對西方的第一次勝利〔Lost Colony: The Untold Story of China's First Great Victory over the West〕》，（北京：九州出版社，二〇一四）。

第五章　社會（科）學的除魅化

一個世紀以來，大師韋伯在社會（科）學領域裡持續發揮著無人能及的影響力，三不五時，更臻於振聾發聵之境界。韋伯的思想既深且廣，留給後人的精神遺產不計其數，其最重要者，是韋伯讓我們得知近代世界因何而變化的主因，其答案就是「資本主義」。到二〇二〇年，偉人就已離開我們一百年，但還是勾起我們無限的思念，相關的紀念活動在世界各地舉行，論述這位大師的論文也在世界各地相繼發表，相信在德國海德堡的盛會應該是規模最鉅且延續時間最長，學者來自四面八方。然而，此時或許也可以說是社會（科）學除魅化的開始。

本章，也就本書的結論，嘗試再討論以下幾個問題，雖難免與先前的探究有所重複，但或許因爲重要性稍高了些，所以，還得值得略加陳述。這幾個問題包括：韋伯的終極問題、利用理念型找到的「答案」、以西方爲範本的社會（科）學、價值中立的「鐵牢」，與韋伯最後的背影等。

現在，我們再回顧一次韋伯的終極問題，此爲縈繞在心中最久者。

韋伯的終極問題

學者Tore Lindbekk在爲論文〈韋伯式的理念型：其發展與連續性〉總結時說：「所有韋伯的工作……也許可以被視作是爲了促成以下的問題（之理解）：什麼是現代社會的組成呢？此獨特型態的社會因何而產生呢？[1]」從先前分析中，我們已經得知，韋伯所指出之「獨特型態的社會」乃是西方社會，正是歐洲經過「除魅化」、「理性化」之後的社會，韋伯發現其他地區並未出現過，也不可能，否則，也就不存在西方的「獨特型態」了。現在，我們將「獨特型態的（西方）社會因何而產生呢？」稍加修改，而變成「西方社會因何（或爲何）而興起呢？」那麼，這不就是歷史主義的信仰者畢生所想要回答的問題嗎？終韋伯一生，無論是中世紀的經濟制度、東埃爾比亞（East Elbiaor Ostelbien in German）農業結構、新教倫理，與世界宗教、政治制度等等的比較研究，最終目的都是想回答「西方爲何興起？」這個問題[2]。

然而，這個「終極問題」在時間上，將西方的「興起」與東方的「衰退」往前推進二、三百年，如果在歷史研究——具體而言，在東、西方（歷史）比較分析——上頭，時間性是重要的話，那麼，我們或許應該多聊個幾句才是。韋伯認定西方興起的時間，大約是十六世紀初期宗教改革之後，也就是大約在一五一〇年代開始，此時，資本主義逐漸興起，一個「獨特的」西方世界從地平線升起，一個「平凡的」東方世界則在另一頭落下。當然，韋伯相當清楚，整個過程得花點時間，只是這樣的說法其實容易誤導讀者，讓他們誤以爲十六世紀中、後期，西方就已崛起，因爲人們很容易將對西方現代的富強直接「套用」在幾百年前的西方，舉個簡單的例子，不少人認爲英國的《權利法案》經常被拿來當作英國人早已享受民主自由的保障，但事實上，其婦女得等到二十世紀之後才擁有投票權。

回到大家可能的誤解，如果十六世紀西方就已崛起，而東方（的明朝）已然衰退，這將難以解釋爲何長達兩百五十年橫越太平洋的海上絲綢之路，由西班牙人掌舵的馬尼拉大帆船載的（幾乎）滿滿都是長江三角洲的吳絲、湖絲呢？西班牙人發現明朝中國所產的高階產品深受太平洋東岸的消費者喜愛，所以，用他們在美洲採礦的白銀向中國購買商品。十六世紀時，「資本主義」的歐洲國家居然需要「衰退」中的明朝來擔任其供應商？那麼，在十八世紀中葉又是如何呢？Kenneth Pomeranz（彭慕蘭）在《大分流》[3]一書中指出，一七五〇年代歐洲最富裕的英格蘭與中國最豐饒的江南地區生活水平相差無幾。那麼，十九世紀中葉呢？當時，工業國英格蘭千方百計想要賣商品給中國，開拓極具吸引力的東方市場，但最終獲利最豐者並非工廠生產的商品，而是種植在印度的農產品鴉片[4]。所以，西方眞可說是「獨特的」社會，一如韋伯所言？倒也不能說完全不是。

理念型讓韋伯找到了「答案」

聽說有人比韋伯更早發明了理念型，並用來分析國家（政府）的類型。不過，韋伯出於自身的努力讓「誰發明理念型？」這個問題失去重要性，他青出於藍而勝於藍，進一步優化了理念型，爲世人留下最爲長壽的理念型——「新教倫理」與「資本主義精神」[5]——這兩者讓人們有機會瞭解韋伯最想知道的問題：西方爲何興起？當然，這點並非沒有問題，簡單來說，既然這樣問，不就代表西方確實興起，而東方（中國[6]）隨之落後。那麼，接下來的工作，若非尋找西方興起的原因，否則就必須附上東方（中國）衰弱的理由，或者兩者各占些篇幅。換句話說，這種提問，已經催促研究者想直接從歷史「事件」當中，搜尋對自己論點的有利證據，這樣還有多少學者願意花時間先去證明西方到底有沒有興起，而東方到底有沒有落後（或倒退）？願意再花時間去思考到底用什麼標準來衡量東西方發展的實際情形，那些區域、王朝，或國家之間的比較才能更貼近歷史事實的學者應該就更少了，這或許可能是社會（科）學一直到如今，仍持續帶著偏頗（歷史）觀點的視角來看待我們所處世界的原因。

理念型「新教倫理」與「資本主義精神」二者，看來解決韋伯心中最重要的問題——西方爲何興起？他找到西方具有「獨特的」資本主義，雖然這個造成西方興起的「資本主義」，連沒有空暇做研究的尋常人都知道，現在西方之所以相對富裕，應該與長達數百年的黑色非洲的奴隸販運脫離不了關係，我們先前也提到十七世紀荷蘭中產階級——其中有些還是喀爾文教派的虔誠信徒——因爲這項不道德的貿易而轉變成資本家[7]。不過，這些「事件」無法引起韋伯的興趣，經其價值判斷之後，或許由於韋伯在價值關聯下形成的觀點，使他無法洞見這些「事件」其實也有重要性，更值得深究。話說回來，西方的興起是因爲其「獨特」、「他處所無」的資本主義，那麼，在韋伯所信持的觀點下，資本主義又是如何產生呢？韋伯給我們的、也是老生常談的「答案」，就是西方在宗教改革之後，在（極度）追求私利、利潤極大化上頭，人們——特別是喀爾文主義的（有錢）信徒——得到了解放。換句話說，在對天主教會揭弊除垢，進行宗教改革以後，人們（與社會氛圍）逐漸容許汲汲營利，不再像先前對競逐利潤抱持鄙夷藐視的態度。當然，韋伯認爲儒家倫理，特別是在經濟倫理方面，同樣輕視人們（過度）追求利潤，認爲這不利於士大夫的個人修養。但這些是韋伯的推論，或許再加上些個人的想像。

這麼說，通常有錢人喜歡穩定而抗拒改變。稍微瞭解社會運動者，應該都聽過既得利益者總愛維持現狀，如此比較能將業已得到的利益繼續留在身邊。十六世紀的「宗教改革」（Reformation），其實具有雙重性質，它既是社會的，也是宗教的革命（social and religious revolution）；它不只是對抗「教會教條的腐敗」（the corruption of dogma），也對抗「神職人員濫權」（the abuses of the clergy），進而演變成一場尋常百姓的起義；不只如此，十六世紀的宗教改革還反抗「貧窮與不義」（poverty and injustice）[8]。Pellicani就曾對宗教改革歸結以下論點，他說：

假使路德（Martin Luther, 1483-1546）與喀爾文（John Calvin, 1509-1564）的挑戰成功地在西方歷史中製造出一個最重要的斷裂的話，這也是同時是源自於國際商業資本主義所產生的一群巨大之「內部的無產階級」，這群人由以下的社會群體所組成——像是鄉紳、知識分子、工匠、體力勞動者，與農人等等——〔但〕他們已被逐出其先人所居住的社區。是上述這些群體，而非那些舒適地安坐於封建資產階級秩序中且具企業家精神的資產階級，這就給予「宗教改革」社會抗爭的獨特性質[9]。

從這個段落看來，喀爾文教派信徒的組成，並非來自有錢有閒的資產階級，而是來自於「無產階級」、普勞階級，無論他們是鄉紳、受過教育的人、工匠、農夫，或是那些以勞力賺取生活所需者，這些人也是喀爾文教派的信徒，看起來能變成資本家的機會應該不大，更何況是要找到偌多的一群人（同時）追求利潤極大化的經濟性目標，並且，在無意中產生資本主義，這可說談何容易？那麼，如果在喀爾文的信徒中，還是有些人來自有錢人的家庭，但難道這些有錢的信徒也同樣被喀爾文（或其教義）鼓勵去追逐最大利潤嗎？

這個問題倒有必要回答，而且，在先前敘述中已經看到，喀爾文教派的傳道者並未鼓勵信徒去追求利潤，因爲利潤是短暫的，而且與「永恆」相左。

簡單說，喀爾文或喀爾文教派之教義到底驅使信徒去追求什麼？先前，筆者曾提出自己對於某宗派鼓勵信徒去追求利潤這件事感到些許懷疑，謝某也對傳道者會向信徒們宣教，告訴他們賺取愈多的錢就愈可能得到上帝救贖（或內心的平靜）感到不解，一般人若用常識來判斷的話，相信會覺得這種說法好像有點問題，即使說不出所以然。但很奇怪，韋伯反倒是覺得這很正常。

以西方為範本的社會（科）學

數十年前，結構功能論主要理論家Talcott Parsons（帕森思）提到他自己的感覺，他說無論在任何情形下，都無法不視「韋伯爲社會（科）學的奠基者之一」，他認爲「社會學作爲一種科學，可以視爲各種變遷的預兆，〔社會學〕也將註定扮演著重要角色，不僅在於我們對所處之社會與文化世界的瞭解，也同樣在我們如何形塑這個世界」[10]。

與名不見經傳的筆者謝某不同，這位社會學界著名的帕森思對韋伯推崇備至，上述這段話可以讓我們略窺一二。現在情況似乎也沒有太大不同，韋伯仍受擁戴。當然，年輕學子有學習的對象，其實未必是件壞事，Parsons對韋伯的態度亦復如此。如果，韋伯能提供大家正向啓發的話。然而，事實未必如眾人所期待。事實上，帕氏也注意到韋伯之「在實質（substantive）社會學的條件上，韋伯的理論格局在本質上是演化的……韋伯試圖闡述一個『現代的』社會組織，並爲此勾勒出一幅概括之圖像，此〔圖像〕出現在西方世界的晚期，從演化的角度視之，其本質是相異於其他文明的」[三]。

上述這段話，讓我們回想起，韋伯抱持進化論的觀點，再加上十九世紀學術界瀰漫著歷史主義氣氛，學者與研究人員在（過度）樂觀的情形下，普遍以歐洲社會爲藍圖，再加上達爾文演化論的影響，東方（中國）逐漸成爲西方社會的對應物，筆者認爲，這乃是歐洲中心主義下的思維。簡單說，東方（中國）的圖像並不眞實，其實當中有一（大）部分是想像出來的，然而，如此偏頗的知識卻持續不斷傳遞下去，一代接著一代，而不見停止。

然而，是誰決定將哪些「知識」傳遞轉移給下一代呢？是某些知識領域的群體向外傳播的，答案似乎不難發現，只是，我們平常不太注意而已。但什麼是知識領域？孔誥烽（Ho-Fung Hung）套用Randall Collins所揭示知識領域的邏輯，認爲知識領域就是：「由知識分子間象徵的互動鏈所構成生產知識的舞台……。」在這個領域中，「個別知識分子揉合成知識分子網絡，或思想流派」。孔誥烽進一步選用Michele Lamont對知識分子網絡的描述，包括眞正的「導生關係」和象徵性的「學者間的聯繫」，這些關係透過「引用或暗示其他的想法」而建立。透過「知識網絡的派生」，他認爲，「知識分子的想法可能會在很大的空間中蔓延開來，並且會長久持續」[12]。總而言之，各種知識，特別是本研究中的社會（科）學，都是由**知識領域**帶給我們的，而相信——今若往昔——某些學說、意識型態等，會在某特定期間流行起來而占有優勢。但問題在於：我們很少質疑知識領域的主流想法，所以，不知不覺中我們已失去批判的能力，對於以西方爲範式的社會（科）學更是如此。

換言之，社會（科）學提供我們觀察的視角，但因爲歐洲中心主義的觀點角度偏頗，所看到的東方（中國）經常是形變色偏的。倘若西方的對應物——也就是東方（中國）——是失焦而糢糊的，那麼，學者所看到的「西方」也會和（相對）眞實的西方有些差異，那麼，以西方爲範本的社會（科）學又怎麼可能是「價值中立」而毫無問題的呢？學者所抱持的價值早已在某個研究期間滲入其研究結果當中，而這也可能在研究初期階段就已定型。

價值中立的「鐵牢」

本書在先前的章節中提到同意Trubek（褚貝克）的主張，並認爲韋伯「事實」與「價值」的分離根本絕無可能，但韋伯仍努力尋求，正因爲這種實證主義的事實與價值的絕對分離，讓韋伯彷彿置身在社會科學的鐵牢中而不克自拔。

這裡，我們引用張旺山在他所寫〈論韋伯的「價值中立」概念〉一文中，以韋伯自己寫過的一段話，來說明「價值中立」在其學說中確實占據了最重要的位置，這與顧忠華所言明顯不同。張氏引用韋伯在他人生最後階段爲了出版這本投注最多心力之《宗教社會學論文集》的〈文前說明〉（*Vorbemerkung*）中的一段話，作爲結尾，筆者認爲，韋伯若將自己寫過的這段話留給他自己，那麼倒是能受益無窮，以下是韋伯親口所說：

> 對於在這裡以比較的方式加以探討的那些文化之間有什麼「價值關係」（*Wertverhaltnis*）這一點，我〔韋伯〕是不置一詞的。人類命運的進程的確會讓那窺其一隅的人感動莫名、胸中火熱。但他最好將他那些微不足道的個人見解留給自己，就像一個人在面對海洋或高山時之所爲——除非他認爲自己有從事藝術的形塑或預言的要求的召喚和秉賦[13]。

對於上述這段話，筆者倒是相信當韋伯在建構「傳統主義」這個理念型時，發現無論是中國的儒教或道教是如此符合其理念型片面強調的那一刻，他心中應該也曾會「感動莫名」、「胸中火熱」吧。只是，韋伯萬萬想不到自己會是他曾經瞧不起，「窺其一隅」那群人當中的一個吧！

而遠處，彷彿有一個人的背影曲著身……

韋伯的背影

歷史是此時研究者為了重建過去而展開的對話，有時還加點個人的想像。

某天，韋伯受邀到東方（中國）演講，在偌大的演講聽裡，近千位聽眾當中，有一群穿著特別的人，在一位看似極像是顧姓教授的帶領下，不少學生——韋伯（未來的）追隨者們——隨著他飄洋過海而來，只為了一睹大師風采。為迎接顧氏與學徒遠道而來，主辦單位事先安排座位，這群人倒也無須擔心自己得加入後方站立的大群人裡頭，畢竟天氣並不涼爽，裡頭空氣也非良好，特別是在大門無法關上的出入口處。

一個半小時之後，韋伯鏗鏘有力地下結論，他用堅定的口吻說著：「十九世紀以前的中國乏善可陳。」語畢，韋伯有禮貌地向大眾鞠躬，掌聲如雷貫耳，他試著大步走出禮堂，但起立致意的聽眾裡有不少人想和他握手，韋伯只能緩步向前。當中，有幾位聽眾原本不想站起來，後來，似乎只能不得已、一臉狐疑地跟著站立了。

最後，大師韋伯還是漸漸地離開了聽眾的視線，他的背影在上一刻蜷進等著將他載離的福斯汽車（Volkswagen Caravelle），這畫面讓許多人感到不捨而潸然落淚，熱情而又有點面熟的鐵粉們，也陸續搭上公交車，在前往北京大興機場爲韋伯送行的人群中。

平日惱人的塞車，此時，反倒成爲韋伯粉絲們內心的期待。

◆註　解◆

【1】Tore Lindbekk, "The Weberian Ideal-type: Development and Continuities", *Acta Sociologica*, Vol. 35, Issue 4, (December, 1992), pp. 285-197, p. 295.

【2】*Ibid*. p. 295.

【3】彭慕蘭（Kenneth Pomeranz），《大分流：中國、歐洲，與世界經濟的形成》，（高雄：巨流圖書，二〇〇四）。

【4】謝宏仁，《顛覆你的歷史觀》。

【5】請參考，謝宏仁，第一章〈儒教倫理與資本主義精神〉，《社會學囧很大[1.0]》。是文以東施效顰之姿，嘗試以韋伯在新教倫理中所發現的經濟倫理特質，來檢視東方（中國）的儒教倫理中是否有近似的經濟倫理。但不巧（或很巧），韋伯認為西方「獨特的」經濟倫理，在儒教倫理當中也能找到。這證明韋伯所留下的「中國問題」的確必須加以解決。當然，若有更多的（歷史）社會學者願意投注其心力，應該可以逐漸減輕歐洲社會科學對理解東方（中國）的負面影響才是。

【6】當然，東方曾經存在過許多王朝，在不同的時期裡。但無論如何，在進行東西方歷史比較研究時，學者通常是以中國為東方最具代表性的例證，這與其歷史上不少非凡成就有關。

【7】學者指出，奴隸制度與西方社會經濟發展息息相關，長期以來卻被忽略，原因（之一）在於奴隸買賣與西方帝國主義有關，想必西方媒體不太喜歡談及這個醜陋往事。請參照，Herbert S. Klein, *The Atlantic Slave Trade*, 2nd Edition, (Cambridge and New York:Cambridge University Press, 2010).

【8】Pellicani, "Weber and the Myth of Calvinism," p. 69.

【9】前揭書。

【10】Parsons, "Evaluation and Objectivity in Social Science," p. 63.

【11】Parsons, "Evaluation and Objectivity in Social Science," p. 58.

【12】Randall Collins, The Sociology of Philosophies: A Global Theory of Intellectual Change (Cambridge, MA: Harvard

University Press, 1998), p. 19; Michele Lamont, "Three Questions for a Big Book: Collins' *The Sociology of Philosophy*," *Sociological Theory*, Vol. 19, No. 1, March (2001), pp. 86-91, p. 89, 90, cited in Ho-Fung Hung, "Orientalist Knowledge and Social Theories: China and the European Conceptions of East-West Differences from 1600 to 1900," *Sociological Theory*, Vol. 21, No. 3, September (2003), pp. 254-280, p. 255.

[13] Max Weber, *Gesammelte Aufsatze zur Religionssoziologie. Band 1*. (Thbingen: Mohr, 1986/1920)，引自張旺山，〈韋伯的「價值中立」概念〉，頁二三、二四。

國家圖書館出版品預行編目資料

社會學囧很大2.0：看大師韋伯為何誤導人類思維／謝宏仁著. -- 二版. -- 臺北市：五南,2019.08
面； 公分
ISBN 978-957-763-549-5 (平裝)

1.韋伯(Weber, Max, 1864-1920) 2.學術思想 3.社會學

540.2　　108012216

1JDX

社會學囧很大2.0：
看大師韋伯爲何誤導人類思維

作　　者 — 謝宏仁（397.5）
發 行 人 — 楊榮川
總 經 理 — 楊士清
總 編 輯 — 楊秀麗
副總編輯 — 劉靜芬
責任編輯 — 林佳瑩、廖育信、陳采婕
封面設計 — 姚孝慈
出 版 者 — 五南圖書出版股份有限公司
地　　址：106台北市大安區和平東路二段339號4樓
電　　話：(02)2705-5066　傳　　真：(02)2706-610
網　　址：http://www.wunan.com.tw
電子郵件：wunan@wunan.com.tw
劃撥帳號：01068953
戶　　名：五南圖書出版股份有限公司

法律顧問　林勝安律師事務所　林勝安律師

出版日期　2015年7月初版一刷
　　　　　2018年1月初版二刷
　　　　　2019年8月二版一刷
定　　價　新臺幣320元

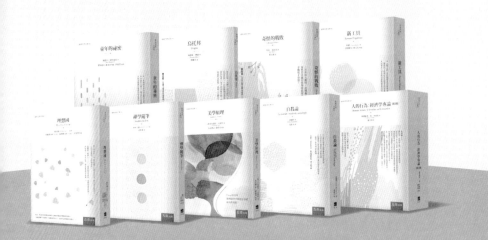